Jürgen Werth

pssst …

Stille finden in einer lauten Welt

Über den Autor

Jürgen Werth ist Direktor von ERF Medien, Vorsitzender der Deutschen Evangelischen Allianz und als erfolgreicher Autor, Liedermacher und Moderator bekannt.

Jürgen Werth

pssst...

Stille finden in einer lauten Welt

GerthMedien

FSC
Mix
Produktgruppe aus vorbildlich
bewirtschafteten Wäldern und
anderen kontrollierten Herkünften

Zert.-Nr. SGS-COC-1940
www.fsc.org

Verlagsgruppe Random House FSC-DEU-0100
Das FSC-zertifizierte Papier *EOS* für dieses Buch
liefert Salzer, St. Pölten.

1. Auflage September 2009
2. Auflage November 2009
Bestell-Nr. 816 445
ISBN 978-3-86591-445-3

Umschlaggestaltung: Olaf Johannson
Umschlagfoto: Shutterstock
Satz: Die Feder GmbH, Wetzlar
Druck und Verarbeitung: CPI Moravia

Inhalt

Das kann doch nicht alles gewesen sein,
das bisschen Sonntag und Kinderschrein,
das muss doch noch irgendwo hingehn, hingehn.

Die Überstundn, das bisschen Kies
und aabns inner Glotze das Paradies
darin kann ich doch keinen Sinn sehn, Sinn sehn.

Das kann doch nicht alles gewesen sein,
da muss doch noch irgendwas kommen! Nein,
da muss doch noch Leebn ins Leebn, eebn.

He, Kumpel, wo bleibt da im Ernst mein Spaß?
Nur Schaffn und Raffn und Hustn und Hass
und dann noch den Löffl abgebn, gebn.

Das soll nun alles gewesen sein
das bisschen Fußball und Führerschein
und das war nun das donnernde Leebn, Leebn.

Ich will noch 'n bisschen was Blaues sehn
und will noch paar eckige Rundn drehn
und dann erst den Löffel abgebn, eebn.

*Wolf Biermann**

---

* „Lied vom donnernden Leben" © 1975 by Wolf Biermann. Aus: Wolf Biermann: Alle Lieder von Wolf Biermann. Mit freundlicher Genehmigung.

Willkommen in diesem Buch!

Vielleicht blättern Sie es gerade durch. Sie haben es auf einem Büchertisch entdeckt oder in einer Buchhandlung. Und jetzt überlegen Sie, ob dieses Buch *Ihr* Buch werden könnte, ob es Ihnen etwas zu sagen hat – oder auch jemand anderem. Schließlich sind Bücher wunderbare und wertvolle Geschenke.

Vielleicht aber haben Sie es sich auch in einem alten Ohrensessel gemütlich gemacht, weil dieses Buch längst Ihr Buch geworden ist – weil Sie es sich gekauft oder es geschenkt bekommen haben.

Willkommen in diesem Buch! Willkommen auf einer Reise in die Stille! In die Mitte. Ins Leben. Denn eigentlich ist dieses Buch kein Stillebuch, sondern ein Lebensbuch. Geschrieben für Menschen, die sich nach Leben sehnen. Die sagen und stöhnen und schreien: Das kann doch nicht alles gewesen sein!

Dieses Buch ist ein Handbuch. Sie können es Kapitel für Kapitel lesen, vom Anfang bis zum Schluss. Sie können sich aber auch das Kapitel heraussuchen, das Sie gerade besonders anspricht. Oder einen meiner Liedtexte oder eine meiner Geschichten, die ich hier und da eingestreut habe.

Vielleicht sind Sie ja längst ein Experte in Sachen Stille. Oder aber Sie überlegen zögernd, ob Sie sich auf den Weg machen sollen. Manches wird Ihnen vielleicht vertraut vorkommen. Manches ist – hoffentlich – neu und überraschend.

Dieses Buch ist mein Buch. Es ist ein persönliches Buch, denn es erzählt von meinen Begegnungen mit der Stille, mit mir selbst, mit Gott, von meinen Entdeckungen und Enttäuschungen. Sie werden, sie müssen Ihre eigenen Erfahrungen machen. Aber vielleicht kann ich Ihnen als Reiseführer zur Seite stehen. Als einer, der selber immer wieder sucht und verliert und neu findet. Als einer, der selber auf dem Weg ist und bleiben möchte. Wer glaubt, endgültig gefunden zu haben, hat vielleicht längst verloren ...

Als mich mein Verleger Ralf Markmeier fragte, ob ich ein solches Buch schreiben könnte, habe ich erst Nein gedacht und wohl auch gesagt. Ich hatte viel zu viel anderes zu tun. Und ein solches Buch schreibt man nicht in der Hektik des Alltags.

Dann aber habe ich Ja gedacht und schließlich auch gesagt. Denn vielleicht ist das Schreiben eines solchen Buches eine wertvolle Therapie gegen die Hektik des Alltags.

Ich bin kein Meister der Stille, der Meditation, des Gebets, beileibe nicht! Aber ich habe entdeckt und entdecke ständig neu, dass ich mich ohne Stille, Meditation und Gebet verliere. Auch und gerade dann, wenn der Betrieb um mich herum ein frommer Betrieb ist.

Kommen Sie also einfach mit, wenn Sie mögen. Ich freue mich auf eine kleine gemeinsame Reise ins größte Abenteuerland der Welt. In die Stille. Gott segne Sie!

Jürgen Werth *Wetzlar, im Sommer 2009*

Die Stille des Tempels ist lauter als der Lärm der Welt

Es ist leise geworden in der alten Barockkirche des Weilburger Schlosses. Das Publikum schweigt gespannt. Plötzlich, wie aus dem Nichts, erklingen zarte Klarinettentöne. Fast nicht zu hören. Der Meister kommt. Giora Feidman, jüdischer Musiker von Weltrang, hat die Kirche beinahe unbemerkt durch eine Seitentür betreten. Giora Feidman, der auf seinem Instrument lachen und weinen, flüstern und schreien kann.

Heute flüstert er.

Und deshalb hört ihn das Publikum fast nicht.

Ein paar hundert Meter entfernt findet ein lautes Open-Air-Konzert mit ganz anderen Tönen statt. Schlichte Schlager mit tumben Texten. Erst jetzt, wo es still geworden ist, sind sie so richtig zu hören. Giora Feidman zögert, bricht ab und verlässt die Kirche. Was jetzt? Ist das Konzert zu Ende, noch bevor es eigentlich begonnen hat? Doch dann kommt er zurück. Beginnt erneut zu spielen. Leise. Flüsternd. Und allmählich drängen seine leisen Töne die laute Musik der Umgebung in den Hintergrund.

Am Ende dieses Eröffnungsstücks brandet kräftiger Applaus. Der Klarinettist tritt ans Mikrophon und entschuldigt sich wegen des doppelten Anfangs. „Ich hatte keine Konkurrenz erwartet!", sagt er augenzwinkernd. Das Publikum schmunzelt erleichtert. Und dann sagt er einen Satz, der lange in mir nachklingt: „Die Stille des Tempels ist stärker als der Lärm der Welt."

Die Stille des Tempels. Die Stille der Kirche. Die Stille der Nähe Gottes. An diesem Abend ist sie mit allen Sinnen zu spüren. Fels in der Brandung. Auge im Sturm.

Gott braucht die lauten Töne nicht, die spektakulären Auftritte. Er ist der Gott der leisen Töne. Elia erlebt das in der Wüste Sinai. Gott kommt nicht mit Blitz und Donner, er kommt in einem zarten Windhauch. Die Hirten erleben das auf den Feldern vor Bethlehem. Gott kommt nicht als lärmender Imperator, er kommt als Säugling.

Und so kommt er bis heute. Was risikoreich ist. Man kann ihn nämlich leicht überhören, übersehen. Doch wer ihn findet, wer ihn hört und sieht, entdeckt die helle, heile Welt des Himmels, entdeckt Frieden und Harmonie. Entdeckt, wonach er sich zutiefst sehnt. Das Alte Testament hat dafür ein wunderschönes Wort: Schalom.

Diesen Schalom suchen wir. Bewusst und unbewusst. Weil wir ahnen, dass er Rettung ist in einer immer lauter, schneller und hektischer werdenden Welt. Und die gute Nachricht ist: Er lässt sich finden! Oder besser: Er hat sich längst aufgemacht, uns zu finden.

„Ich will sie in die Wüste führen und freundlich mit ihr reden."

Im dritten Jahrhundert ziehen die ersten Mönche in die Wüste. Weil sie nicht wie der reiche Jüngling sein wollen, nicht gebunden an den Wohlstand und an das Wohlleben der Oase. Weil sie den Schatz im Himmel suchen, lassen sie die Schätze auf der Erde zurück. Weil sie Gottes Weisheit suchen, machen sie sich zum Gespött der Menschen. Weil sie Gottes Liebe suchen, wagen sie sich in die Einsamkeit.

An der Grenze zwischen Leben und Tod, zwischen Himmel und Erde, zwischen Gott und den Dämonen kämpfen und beten sie stellvertretend für die Menschen.

Manche ihrer weisen Gedanken und Gebete sind bis heute überliefert. Etwa der von Abbas Poimen:

„Wer in der Einsamkeit der Wüste lebt, wird drei Kämpfen entrissen: dem Hören, dem Reden, dem Sehen. Der einzige Kampf, der bleibt, ist der Kampf mit sich selbst."

Sätze aus längst vergangenen Zeiten. Sind sie noch brauchbar im dritten Jahrtausend? Vielleicht mehr denn je. Weil wir mehr denn je hören, reden, sehen. Weil wir mehr denn je abgelenkt werden von uns selbst. Von unseren Ängsten, Träumen,

Sehnsüchten. Weil wir mehr denn je in der Gefahr stehen, die Mitte zu verlieren. Gott.

Darum lockt er uns auch heute immer wieder in die karge Abgeschiedenheit. Dorthin, wo uns nichts mehr ablenkt. Er führt uns in die Stille, weil er mit uns reden will. Nicht, um uns den Marsch zu blasen oder um uns die Leviten zu lesen. Nein! Er will uns seine Freundlichkeit zeigen. Nichts als seine Freundlichkeit.

Dem Propheten Hosea offenbarte er vor vielen Jahrhunderten das Geheimnis, das bis heute gilt. Da schlüpft er in die Rolle eines betrogenen Ehemannes und sagt über seine „Frau", die „Ehebrecherin Israel":

„Ich will sie locken und will sie in die Wüste führen und freundlich mit ihr reden!" (Hosea 2,16)

Die Wüste ist der Ort der Zuwendung Gottes. Bis heute. Auch für uns.

Dabei stürzt uns jede Wüste in eine tiefe existenzielle Krise. Es macht nur selten Spaß, sich selbst zu begegnen, in die eigenen Abgründe zu blicken, die grinsenden Fratzen der Dämonen auszuhalten. Wir sollten uns vor romantischen Verklärungen hüten.

Doch Neues wächst wohl nur in der Krise. Ohne Geburtswehen kommt kein neuer Mensch zur Welt. Ohne Pubertät wächst kein reifer Mensch heran. Ohne Niederlagen entwickelt sich keiner zu einem barmherzigen Menschen. Ohne Sündenerkenntnis verkommt die Vergebung zur Belanglosigkeit.

Es ist leichter, in der lauten und bunten Oase zu bleiben. Zu leben wie alle leben. Doch eigentlich wollen wir mehr. Wir ahnen, dass die lärmenden Oasenmenschen keine wirklichen Antworten bieten. Sie leben, denken, glauben oberflächlich. In der Oase findet man keine Ratgeber. Da muss man schon in der Wüste suchen. Stille Wüstenmenschen sind Salz der Erde und Licht der Welt. Weil sie nicht länger auf sich selbst vertrauen, sondern auf die Gnade und Barmherzigkeit Gottes. Und nur wer diese Gnade und Barmherzigkeit entdeckt hat, kann sie leben und zu den anderen bringen.

Oasen und Wüsten bilden den Spannungsbogen des Lebens. Ohne Wüste wird jede Oase fade.

Neulich sagte ein Aussteiger, der in einem Inselparadies in der Südsee umhersegelt, in einem Fernsehinterview: „Hier scheint an 360 Tagen im Jahr die Sonne. Aber ohne Regen verliert die Sonne ihren Glanz ..."

Manchmal werde ich in die Wüste geschickt, obwohl ich nicht will. Manchmal muss ich sie suchen. Freiwillig. Ich muss aussteigen aus der Daueroase des Lebens. Dem lärmenden Getriebe des Alltags entfliehen. Verzichten. Fasten. Still werden ... damit ich mich nicht verliere. Damit ich die Mitte nicht verliere, das Leben und Gott.

Und damit das Leben spannend bleibt. Bunt. Wohlschmeckend.

Hinterm Deich

Hinterm Deich
Wo das Meer sich kaum hin verirrt
Wo der Sturm eine Brise wird
Lässt sich's leben
Lässt sich's gut zuhause sein
Hinterm Deich
Wo Gefahren gebändigt sind
Katastrophen Geschichte sind
Lässt sich's leben
Lässt sich's gut zuhause sein

Hinterm Deich
Ist es fast wie bei dir, mein Gott
Geborgen und frei

Am Kamin
Wo das Feuer die Angst vertreibt
Buntes Licht an die Wände schreibt
Lässt sich's leben
Lässt sich's gut zuhause sein
Am Kamin
Wo's dein Herz, wo's dein Hirn erwärmt
Und wo jeder von Liebe schwärmt
Lässt sich's leben
Lässt sich's gut zuhause sein

Am Kamin
ist es fast wie bei dir, mein Gott
Geborgen und frei

Ach, du liebe Zeit!

Es wird erzählt, dass ein ägyptischer Mönch im 4. Jahrhundert eine neue Zelle am Nilufer bezogen hatte. Ein wunderschönes Plätzchen hatte er sich ausgesucht. Doch nur auf den ersten Blick war dieser Ort für ihn idyllisch. Nach ein paar Wochen zog er entnervt weiter: Er konnte das Rauschen des Schilfs nicht länger ertragen.

Wir sind geneigt zu schmunzeln. Wurde da nicht neulich in einem Wellness-Katalog eine CD mit dem Klang von rauschendem Schilf angeboten? Zur Beruhigung unserer strapazierten Nerven?

Wohin würde unser ägyptischer Mönch heute fliehen? Wohin könnte er überhaupt fliehen?

Bei Benedikt (480–547), dem Begründer des westlichen Mönchtums, lese ich die Notiz:

„Das Maß der Eindrücke, denen wir heute ausgesetzt sind, vergiftet die Psyche."

Ich reibe mir die Augen und ahne, was Benedikt wohl heute sagen würde. Wie strapazierfähig sind wir mittlerweile geworden! Aber sind wir es wirklich?

Springen wir 1.400 Jahre weiter. Kurt Tucholsky, ein deutscher Schriftsteller (1890–1935), stöhnte Anfang des 20. Jahrhunderts: „Der Mensch hat neben dem Trieb der Fortpflanzung und dem zu essen und zu trinken zwei Leidenschaften: Krach zu machen und nicht zuzuhören."

Noch einmal hundert Jahre später hat der Krach gigantische Ausmaße angenommen. Wir werden Tag für Tag von einem gewaltigen Wörter- und Bilder-Tsunami überflutet. Allein Reuters, die größte Nachrichtenagentur der Welt, produziert pro Sekunde 27.000 Seiten mit neuen Informationen. Dazu fliegen jeden Tag rund 97 Milliarden E-Mails um die Welt, darunter 40 Milliarden Spam-Mails, die niemand lesen will.

Die Menschen im Mittelalter haben in ihrem ganzen Leben nicht so viele Informationen bekommen wie wir an einem einzigen Tag. Und ein Ende ist nicht absehbar. Die Halbwertzeit dessen, was wir wissen, wird immer kürzer. Will sagen: Was wir heute wissen, ist schon bald nur noch die Hälfte wert, wenn überhaupt.

Längst sind viele von uns rettungslos überfordert. In der Medizin gibt es seit kurzem ein neues Erschöpfungssyndrom: IFS (Information Fatigue Syndrom). Was Informationsmüdigkeit meint, oder noch besser: Informationsüberdruss. Der britische Psychologe David Lewis hat das so formuliert.

Schon in der Mitte der 90er Jahre des vorigen Jahrhunderts wurde eine erste Studie zu diesem Thema veröffentlicht. Betroffen sind vor allem Führungskräfte. Die Studie beschreibt, dass zwei Drittel von ihnen über verstärkte Anspannung klagen. Ein Drittel hat bereits mit Gesundheitsproblemen zu kämpfen. 43 Prozent der Befragten sagen, aufgrund der Fülle der Informationen falle es ihnen schwer, Entscheidungen zu treffen.

Die Rote Königin aus dem Kinderbuch „Alice im Wunderland“ hat Recht behalten:

„Du musst so schnell laufen, wie du kannst, wenn du bleiben willst, wo du bist. Willst du irgendwo anders hin, musst du mindestens doppelt so schnell laufen.“

Erbarmen!

Ich erinnere mich an die Begegnung mit einem ostdeutschen Oberkirchenrat direkt nach der Wende. „Früher“, sagte er, „waren wir nicht informiert, weil wir keine Informationen bekamen. Heute sind wir nicht informiert, weil wir zu viele Informationen bekommen.“

Wer keine Informationen bekommt, ist schlecht informiert. Wer zu viele Informationen bekommt, auch.

Doch ob Führungskraft oder Oberkirchenrat – wir alle haben den Kopf voller wirrer Bilder und unsortierter Informationshappen. Der Kopf ist voll und die Seele auch. Voll von dem, was uns Angst macht. Wir verstehen nichts mehr wirklich. Aber wir wissen, dass alles gefährlich und bedrohlich ist. Klimakatastrophe. Wirtschaftskrise. Börsencrash. Gentechnik. Atomkraft. Stammzellenforschung. Gesundheitsreform. Amokläufer. Terroristen.

Ob wir auch deshalb keine Ruhe mehr finden? Und erst recht keine Stille vor Gott?

Wir sind die bestinformierte Gesellschaft aller Zeiten und gleichzeitig die schlechtestinformierte. Denn wir wissen oft nicht, was das alles bedeutet, was da auf uns einströmt. Alles steht gleichberechtigt nebeneinander. Wir haben kein Orientierungswissen mehr. Keine Maßstäbe für gut und böse, für richtig und falsch. Alles rauscht in uns hinein und durch uns hindurch.

Und unsere inneren Ablagekörbe quellen über.

Doch da meldet sich Jesus zu Wort. Unerwartet. Leise spricht er. Wie immer. Leise und eindringlich.

„Was würde es dem Menschen helfen, wenn er alles wissen könnte über die Welt und die Bausteine des Lebens, aber dabei sich selbst, seine Mitmenschen und Gott verlieren würde?" (siehe Lukas 9,25).

Und ich staune. Er ist mittendrin in meiner Welt. Wie er schon immer mitten in der Welt war und bleibt. Er hat den Überblick nicht verloren. Durch ihn ist die Welt geschaffen, sagt die Bibel. Er kennt sich aus, ist nie überfordert. Er ist der Erfinder aller Erfinder. Er hat Orientierungswissen. Er ist Orientierungswissen.

Und ich ahne, dass er Antworten hat, ja, die Antwort ist. Und dass ich gerne bei ihm in die Lehre gehen möchte, weil es bei ihm das Leben gibt. Weil er das Leben ist.

Weil nur er mir helfen kann, im Informationsdschungel unserer Zeit zu überleben.

Heute war gestern noch morgen

Heute war gestern noch morgen
Und morgen sagt jeder zu morgen schon heut
Heute ist morgen schon gestern
Und beides am nächsten Tag Vergangenheit
Tage voll Sehnsucht, voll Heimweh und Trauer
Voll Warten und Hoffen, voll Glück
Tage, die dir viel bedeuten, die leer sind –
Wer bringt sie dir morgen zurück?

Zeit, ich bin sprungbereit
Ich reit' auf deinen Wellen in die Unendlichkeit
Zeit, ich bin marschbereit! Ich hab' einen Begleiter
Aus der Ewigkeit

Was du noch gestern gehofft hast
Zählst du vielleicht heute bereits zum Bestand
Das, wovor du heut' noch zitterst
Hältst du vielleicht morgen schon fest in der Hand
Chancen zum Leben, zum Helfen, zum Geben
Ziehn endlos an dir vorbei
Leb' nicht im Gestern, leb' auch nicht im Morgen
Leb' heute, nur dann bist du frei

Heute ist heute, heut lebst du
Heut denkst du, heut fühlst du, heut ist deine Zeit
Heute will er dir begegnen
Heut atmet die Zeit seine Unendlichkeit
Heut ist er bei dir, heut spricht er
Heut liebt er, heut ist er zu helfen bereit

Heute will er deine Zeit übernehmen
Die mehr ist als Vergänglichkeit

Zeit, ich bin sprungbereit! Ich reit' auf deinen Wellen
In die Unendlichkeit
Zeit, ich bin marschbereit! Ich hab' einen Begleiter
Aus der Ewigkeit

Warum Stille lebens-not-wendig ist

Es war in der Lounge eines brasilianischen Hotels. Die Hitze wurde von Minute zu Minute unerträglicher. Die Gäste tupften sich den Schweiß von der Stirn. Schließlich schnauzte einer den Kellner an:

„Läuft Ihre Klimaanlage eigentlich nicht?"

„Doch!", erwiderte der lakonisch. „Sie läuft auf Hochtouren! Aber sie ist kaputt! Wir warten auf die Wartung!"

Als ich diese kleine Geschichte zum ersten Mal hörte, fühlte ich mich ertappt. Bin das nicht ich? Ich laufe auf Hochtouren. Laufe und lebe mir die Seele aus dem Leib. Werde gezogen und gedrückt und gejagt. Aber ich funktioniere nicht mehr. Bin „kaputt".

Dabei möchte ich doch, dass mein Leben Bedeutung hat. Dass etwas dabei herauskommt. Dass es anderen Menschen Kühlung verschafft in der Hitze des Tages. Und Wärme in der Kälte der Nacht.

Ich brauche wohl auch regelmäßig Wartung. Himmlische Wartung. Und die geschieht in der Stille.

Seit ein paar Jahren macht ein „Zauberwort" die Runde:

Entschleunigung. Will sagen: Wer leben will, muss das Leben wieder langsam leben, Schritt für Schritt gehen.

Früher, wenn wir bei meiner Oma „Mensch ärgere dich nicht" spielten, und einer von uns eine Eins nach der anderen würfelte, schmunzelte sie hin und wieder: „Ein guter Spieler macht die Felder einzeln!" Das war nun wirklich ein schwacher Trost. Heute aber gilt das fürs Leben, finde ich. Feld für Feld gehen. Wort für Wort wahrnehmen. Tag für Tag leben. Minute für Minute. Lasst uns das Leben wieder langsam leben. Und leise. Weniger ist mehr.

Neben der Entschleunigung plädiere ich für eine radikale Entlärmung. Man muss nicht immer und überall Musik konsumieren. Man muss nicht jede Nachricht hören. Man kann auch ohne iPod ganz wunderbar durch die Wälder joggen. Und den Vogelstimmen oder dem eigenen Herzschlag lauschen.

Radio und Fernseher müssen nicht den ganzen Tag laufen. Im Auto schalte ich zuweilen die Verkehrsnachrichten aus, wenn ich sie nicht brauche. Warum sollen mir Informationen den Kopf zumüllen, die im Moment komplett unwichtig für mich sind!

Ich kann nicht aussteigen aus der Welt. Aber ich kann sie gestalten. Auf dem Auto einer Schweizer Kollegin klebt der Satz: „Design your life before it designs you!" Gestalte dein Leben, bevor es dich gestaltet. Es ist nicht zu spät. Eines meiner Bücher trägt den Titel „Und jeden Tag erfindet Gott das Leben neu". Er tut das, davon bin ich überzeugt. Jeden Tag nimmt er mich neu an die Hand und lässt sich Gutes einfallen für mich.

Und wenn er das tut, kann ich das auch tun. Mein Leben neu erfinden. Und mir Gutes einfallen lassen. Für mich und für andere. Damit ich nicht länger eine kaputte Klimaanlage bleibe ...

Sich selber wahrnehmen

Er ist viel mit dem Auto unterwegs. Bei Regen und Sonnenschein. „Das muss aber schön sein!“, schwärmte neulich einer. „Da sehen Sie ja viele schöne Landschaften!“

„Landschaften?“ Er zuckte verständnislos die Schultern. „Ich muss immer nach Kassel. Oder nach München!“

So fahren wir durch die Welt. So leben wir durchs Leben. Das Ziel fest vor Augen, blicken wir nicht nach links und nicht nach rechts. Und verpassen die Schönheiten am Wegrand.

Da war Irene so ganz anders. In Calvi, auf der wunderschönen Insel Korsika, wollte sie mit uns auf den Hausberg kraxeln. Sie war immer die Letzte. „Komm, Irene!“, mahnte einer der Mitarbeiter. „Komm, sonst sind die Ersten schon wieder auf dem Rückweg.“ Das beeindruckte Irene ganz und gar nicht. „Aber guck doch mal: diese wunderschönen Blümchen! Solche gibt es bei mir zu Hause nicht am Straßenrand!“

Ob sie irgendwann am Gipfelkreuz angekommen ist, ist nicht überliefert …

Zwei Leben. Zwei Lebensentwürfe. Wer ist zu beneiden und wer zu bedauern?

Das Leben findet nur, wer sich zuweilen bückt. Wer zuweilen das Ziel aus den Augen verliert und wahrnimmt, was neben, vor und hinter ihm passiert. Die Welt wahrnehmen. Menschen wahrnehmen. Sich selbst wahrnehmen. Manchmal denke ich, dass wir das weitgehend verlernt haben.

Natürlich sind wir da verschieden. Ich zum Beispiel kann Ihnen zu jeder Tages- und Nachtzeit sagen, wie's mir gerade geht. Ein guter Freund wird immer ein bisschen verlegen, wenn er sagen soll, ob's ihm gut oder schlecht geht. Beide Lebenshaltungen haben Vorteile, aber auch Nachteile. Ich reagiere auf jede Bewegung meiner Seele und meines Körpers und bin zuweilen höchst beunruhigt und irritiert. Mein Freund nimmt das alles gar nicht wahr und ist fröhlich dabei.

Aber ein bisschen Weltwahrnehmung sollte sich jeder antrainieren. Und auch ein bisschen Selbstwahrnehmung. Wenigstens ein bisschen. Wer dauerhaft ignoriert, was ihm Körper und Seele signalisieren, lebt gefährlich. Er nimmt weder einen nahenden Herzinfarkt noch einen drohenden Burnout wahr. Und wer ständig an den Wundern des Lebens vorbeihetzt, auch an den Menschen an seinem Wegesrand, lebt ausgesprochen eindimensional und wird innerlich arm.

Aber wie trainiert man diese Wahrnehmung? Kann man sie überhaupt trainieren? Ja, man kann! Man muss sich nur Zeit nehmen, ein bisschen mehr, als man sich normalerweise Zeit nehmen würde.

Alles beginnt damit, dass ich hinschaue und zuhöre.

Unsere Augen sind längst an die schnellen Schnitte des Fernsehprogramms gewöhnt. Kaum ein Bild wird mir länger als zwei oder drei Sekunden zugemutet. Es könnte mir ja langweilig werden oder – viel schlimmer noch – ich könnte zum Weiterzappen animiert werden. Und nun gehe ich auf diese

Weise auch durch meine Welt. Blicke höchstens mal ein bisschen länger hin, wenn ich ein Motiv für meine Digitalkamera suche. Aber auch da schaue ich ja auch nicht wirklich auf Menschen und Landschaften. Ich schaue aufs Display ...

Machen Sie doch mal eine ganz einfache Übung. Nehmen Sie sich einen ganz gewöhnlichen Gegenstand vor und betrachten Sie ihn mal für, sagen wir, zehn Sekunden. Nicht lang? Sie werden staunen, wie lang zehn Sekunden sein können! Was entdecken Sie zum Beispiel an einem Kieselstein, an einer Butterblume, an einem Geschirrtuch?

Ich erinnere mich an eine Tagung in Berlin. Wir standen dem Kanzleramt gegenüber und mussten warten. Da habe ich mir vorgenommen: dieses Kanzleramt will ich mir mal richtig anschauen. Ganz bewusst in mich aufnehmen. Mit dem Kopf fotografieren. Zehn Sekunden lang ein Detail betrachten. Und dann das nächste. Erstaunlich, was man alles sieht! Und noch erstaunlicher: Ich kann mich heute noch an manche Details erinnern.

An vieles andere, was ich gesehen habe, ohne es wirklich gesehen zu haben, erinnere ich mich nur oberflächlich, wenn überhaupt.

Dinge wahrnehmen.

Menschen wahrnehmen.

Natürlich ist es unhöflich, einen anderen Menschen zehn Sekunden oder länger anzustarren. Aber man kann's ja unauffällig tun ...

Viele Menschen, die ich anscheinend kenne, habe ich nicht wirklich vor Augen. Versuchen Sie sich an einen Kollegen zu erinnern. Trägt er eine Brille oder nicht? Und welches Modell? Hat er ausgeprägte Ohrläppchen? Ich muss bekennen, dass ich das bei vielen Menschen, denen ich täglich begegne, nicht wirklich weiß. Habe ich sie bisher überhaupt richtig wahrgenommen?

Von Jesus wird immer wieder berichtet, er habe hingesehen. Bei der Begegnung mit dem reichen jungen Mann etwa. „Jesus sah ihn an und gewann ihn lieb ..." Und erst dann sprach er die entscheidenden Worte. Die entscheidenden und passenden und treffenden.

Wie oberflächlich gehen wir dagegen oft mit unserer Welt um! Mit den Menschen! Mit uns selbst! Wir reden aneinander vorbei, übersehen viele kleine und große Wunder.

Längst gibt es zahllose CDs mit Entspannungs- und Atemübungen. Sie kennen das. „Mein linker Arm wird ganz schwer" und so weiter. Man muss solche Übungen nicht machen. Aber man sollte sich doch auch einmal seinem linken Arm zuwenden. Wahrnehmen, wie er aussieht, wie er funktioniert, von der Schulter bis zum letzten Glied des kleinen Fingers. Schauen, wie er dem rechten Arm hilft, eine schwere Kiste zu tragen. Wie die Finger ganz selbstverständlich die richtige Position suchen, sodass die Kiste nicht aus den Händen rutscht. Wie sich die entsprechenden Muskeln anspannen und wieder entspannen.

Manchmal nehme ich meinen linken Arm nur wahr, wenn er nicht mehr so will oder kann, wie ihm das mein Gehirn befiehlt. Schade eigentlich. Denn das Wunder der Schöpfung zeigt sich auch in meinem linken Arm. Wem nie einfällt, wofür er Gott danken könnte, sollte sich mal mit seinem linken Arm beschäftigen.

Und dann die Seele. Wonach sehnt sie sich? Braucht sie Ruhe? Braucht sie Abwechslung? Sehnt sie sich nach einer neuen Herausforderung? Will sie allein sein? Möchte sie mit anderen Menschen lachen und feiern?

In den Psalmen sprechen die Beter immer wieder mit ihrer Seele. „Was betrübst du dich, meine Seele, und bist so unruhig in mir? Harre auf Gott, denn ich werde ihm noch danken!“ (Psalm 42, 6)

Die Seele, das bin ich. Mein innerstes Wesen. Ich sollte mich schon mal mit mir unterhalten. Ich sollte mich schon mal fragen, was ich möchte. Und ich sollte das immer wieder und regelmäßig tun.

Jesus fragt mich ja auch. „Was willst du, dass ich dir tun soll?“, fragte er einmal einen Blinden. Er stellt auch mir diese Frage. Immer wieder. Weiß ich es überhaupt? Was will ich? Was macht mich traurig? Was drückt mich in den Staub und warum? Was würde mich glücklich machen? Sag's mir bitte, meine Seele. Ich sag's dann Jesus.

In dem herrlichen Film „The Kid“, mit Bruce Willis in der Hauptrolle, begegnet ein erfolgreicher, aber rastloser und getriebener Manager einem kleinen Jungen. Der geht ihm erst mächtig auf die Nerven. So ein kleiner Kerl stört im Business! Aber dann zieht dieser Zug um Zug in sein Leben ein und krempelt alles um. Und zeigt dem Manager, was das wirkliche Leben ist. Am Ende weiß man, wer dieser kleine Junge ist: der Manager als Kind. Der kleine Junge, der immer noch im Manager lebt. Ja, seine – Seele.

Wann hab ich zum letzten Mal gefragt, wie es dem kleinen Jungen in mir geht? Oder dem kleinen Mädchen? Was das Kind in mir will? Was es mir sagen und zeigen will?

„Wenn ihr nicht werdet wie die Kinder ...“

Wer die Stille sucht, erlebt Überraschungen. Er entdeckt Gott. Und sich selbst. Und das wirkliche Leben in allen Schattierungen.

Wer die Stille sucht, wird reich.

Schabbat Schalom – die wöchentliche Portion Stille

Samstagabend in Jerusalem. Lassen sie uns ein kleines Straßencafé suchen. Vielleicht in der Ben-Jehuda-Straße, der Fußgängerzone. Dabei weiß ich nicht mal, ob wir in einem der zahllosen Straßencafés überhaupt noch einen Platz bekommen. Samstagabend ist hier nämlich alles auf den Beinen. Die meisten Läden sind bis weit nach Mitternacht geöffnet. Auf den Straßen herrscht ein Geschiebe und Gedränge wie bei uns an einem verkaufsoffenen Sonntag kurz vor Weihnachten.

Samstagabend in Israel – das ist das ungewöhnliche Ende eines ungewöhnlichen Tages, des Sabbats. Er beginnt am Freitagabend, wenn die ersten drei Sterne am Himmel zu sehen sind. Und am Samstagabend, etwa zur gleichen Zeit, ist er wieder zu Ende. Typisch deutsch habe ich das jetzt gesagt, typisch westlich. Fromme Juden würden sagen: Freitagabend kommt er, Samstagabend geht er. Der „Schabbat" nämlich ist für sie viel mehr als nur ein Tag. Er ist eine Prinzessin, eine Braut. Die wird am Freitagabend feierlich begrüßt und am Samstagabend feierlich verabschiedet.

„Schabbat Schalom“, sagt man zueinander, „ich wünsche dir den Frieden des Sabbats.“ In den osteuropäischen Stedtl, in denen man Jiddisch sprach, sagte man: „Gut Schabbes!“ Ein ungewöhnlicher Tag. Gottes Friedensangebot für die Welt. Eine Ruheinsel im hektischen Alltag. Die Ewigkeit berührt die Zeit. Gottes Tag. Da wird gesungen, getanzt und gebetet. Da wird festlich gegessen und getrunken. Und da wird an den Ursprung dieses Tages erinnert, Schabbat für Schabbat:

„Sechs Tage sollst du arbeiten, am siebten aber sollst du ruhen“ (siehe 2. Mose 23,12).

Ein geschenkter Tag. Ein Feier-Tag im wörtlichen Sinn.

Auch wir haben unseren Feiertag, einen, der in der christlichen Kirche an die Stelle des Sabbats getreten ist. Auch der Sonntag ist ein Tag der Ruhe, der Besinnung, des Gebets und feierlicher Gottesdienste.

Ein geschenkter Tag – von Gott. Er wollte, dass wir, seine Menschen, wieder zu uns selbst finden, zu den Menschen, mit denen wir das Leben teilen, und zu Gott, dem Schöpfer und Erhalter des Lebens. Der Sonntag ist ein geschenkter Tag, um das Wesentliche vom Unwesentlichen zu trennen.

Der Theologe Romano Guardini nennt ihn den „Tag der Ruhe, ohne den der Mensch unmenschlich wird“. Und den Tag, „an dem der Mensch in besonderer Weise Gottes gedenken soll, da er an den anderen Tagen wegen der Lebenssorgen Gott so leicht vergessen kann“.

Doch ist unser Sonntag dem Ursprung nach noch etwas anderes als ein lediglich verschobener Sabbat. Er ist auch der Tag, an dem Christen die Auferstehung ihres Herrn Jesus Christus feiern. Jeder Sonntag kann also ein kleines Osterfest sein. Ein Fest des Lebens, der Auferstehung, ein Fest gegen den Tod, gegen alles, was das Leben bedroht.

Wer die Stille sucht, sollte die offensichtlichen Angebote Gottes nicht übersehen.

Der Schabbat der Juden – eine Prinzessin, eine Königin. Unser Sonntag dagegen – geben wir es zu – ist oft genug nur das „Wochen-Ende". Dabei ist der Sonntag der erste Tag der Woche ...

Doch es muss ja nicht beim Alten bleiben. Ich hätte schon Lust, meinen Sonntag neu zu entdecken. Wesentliches zu tun an diesem Tag, Wesentliches zu denken. Den Gottesdienst am Morgen wirklich zu „feiern". Gott zu loben. Den Auferstandenen neu in die Mitte meines Lebens einzuladen. Den Alltag von Augen und Ohren fernzuhalten und sie stattdessen aufzumachen für das, was wirklich zählt. Mir Zeit zu nehmen für ein Gespräch, für ein gutes Buch, für die Bibel, für ein Gebet.

Ein altes jüdisches Volkslied beginnt mit den Worten:

„Freitag zur Nacht ist jeder Jud ein König. Das ganze Städtele lacht, und die Menschen sind fröhlich."

Warum soll das einen Tag später nicht auch für Christenmenschen gelten?

Noch ist unsere laute Welt von solchen besonderen Friedensangeboten durchzogen. Wenn wir sie denn wahrnehmen. Und wenn wir sie nicht leichtfertig aufgeben. Denn der Sonntag ist gefährdet. Er ist in Gefahr, zu einem Tag neben anderen zu werden. Autowaschen, shoppen, arbeiten ...

Aber „ohne Sonntag sind alle Tage Alltage", sagt ein bunter Aufkleber.

Dabei ist der Sonntag nicht das einzige Friedensangebot Gottes in unserer lauten Welt. Jeder Glockenschlag, der von einem Kirchturm zu uns herüberweht, ist eine Einladung zum Gebet, zu einem kurzen himmlischen Gedanken.

Ein kleiner Urlaub für die Seele

Ein kleiner Urlaub für die Seele
Ein stiller Rastplatz für dein Herz
Ein bunter Strandkorb für die Fragen
Und eine Parkbank für die Hast
Ein Himmelbett fürs Unbehagen
Und den Ballast

Komm, nimm dir Zeit, lass sie dir schenken
Ein paar Stunden nur für dich
Lass heut die andern schaffen, denken
Nur was du denkst, ist wesentlich
Jetzt darfst du über dich verfügen
Niemand redet dir mehr rein
Gönn dir doch einfach das Vergnügen
Nur bei dir zu Gast zu sein

Nimm dir ein Blatt und schreib Gedichte
Greif die Gitarre, sing ein Lied
Sie bricht nicht ab, die Weltgeschichte
Wenn sie dich einen Tag nicht sieht
Nimm dir ein Buch, geh auf die Reise
Gönn den Gedanken frische Luft
Schlag deiner Sehnsucht eine Schneise
Die in dir nach Erfüllung ruft

Dann hör dir zu, lausch deinem Herzen
Was willst du wirklich und was nicht
Du darfst es nicht mit dir verscherzen
Denn das verzeihst du später nicht

Und hör auf Gott, der in das Schweigen
Für dich ein Wort des Lebens spricht
Er will dir seine Liebe zeigen
Lockt deine Schatten in sein Licht

Ein kleiner Urlaub für die Seele
Ein stiller Rastplatz für dein Herz
Ein bunter Strandkorb für die Fragen
Und eine Parkbank für die Hast
Ein Himmelbett fürs Unbehagen
Und den Ballast

aus der CD „Ein kleiner Urlaub für die Seele"

Vier Minuten und 33 Sekunden

„Ruhe bitte! Ruhe!“ Der Moderator des klassischen Konzerts im piekfeinen Konzertsaal von Harvard konnte das Zischeln und Tuscheln im Publikum kaum noch eindämmen. Schwarzgefrackt und abendgekleidet warteten die 426 Besucher nun schon seit dreieinhalb Minuten darauf, dass es endlich losging.

Zu einer Premiere waren sie gekommen. Ein neues Klavierstück des amerikanischen Komponisten John Cage sollte an diesem Abend uraufgeführt werden. Der Titel klang merkwürdig. Aber das war man bei John Cage gewöhnt. „4’33“. Ein Datum in der Geschichte? Eine Ortsbestimmung? Eine Zeitangabe?

Viele John-Cage-Fans waren gekommen, gespannt, was der Meister sich diesmal ausgedacht hatte. Der Meister der musikalischen Avantgarde, der immer für eine Überraschung gut war.

Aber es waren auch andere im Saal. Freunde klassischer Musik schlechthin. Abonnenten der kompletten Konzertsaison, die sich doch eher auf das restliche Angebot des Abends freuten und den neuen Cage eher zu ertragen als zu genießen gedachten. Die Werke für „präpariertes Klavier" waren ihnen noch in nicht allzu guter Erinnerung. Und seiner Vorliebe, Alltagsgeräusche in das einzubeziehen, was er Musik nannte, konnten sie so gar nichts abgewinnen.

Aber es ging und ging nicht los. Obwohl der Pianist, David Tudor, schon vor, na, inzwischen über vier Minuten an seinem Flügel Platz genommen hatte. Ein Schwächeanfall? Ein Herzinfarkt gar? Zitterten seine Finger? Oder hatte er am Ende seine Noten vergessen?

„Ruhe bitte! Ruhe!" Noch einmal gab der Moderator stimmlich alles.

Da erhob sich David Tudor plötzlich und völlig unerwartet von seinem Klavierhocker und – verneigte sich vor dem Publikum.

Das war nun gänzlich irritiert.

Zunächst.

Bis ...

... ja, bis die Ersten verstanden und zaghaft zu klatschen begannen.

„4'33" – das war ein neuer Geniestreich des genialen John Cage. „4'33" – das waren vier Minuten und 33 Sekunden – nichts! Das heißt, nein, nicht *nichts*. „4'33" – das waren vier Minuten und 33 Sekunden Stille. Schweigen. Ruhe.

„Ruhe bitte! Ruhe!" Der Moderator hatte das Thema des Stücks in Worte gefasst. Ungewollt vermutlich. Doch seine beinahe verzweifelten Zwischenrufe gingen mit manchem Konzertbesucher nach Hause.

Auch mit Peter und Susan Wylie. Als sie ein paar Wochen später daheim unterm Weihnachtsbaum saßen, waren sie sich einig: Dieses Nicht-Klavierstück, dieses Stück Nicht-Musik,

Nicht-Klang war für sie das schönste Geschenk des Jahres gewesen. 4 Minuten und 33 Sekunden Stille.

Und sie dachten schmunzelnd, dass man dieses herrliche Stück Musik ja mit allen denkbaren Instrumenten – nicht – spielen könnte. Auf einer Panflöte zum Beispiel. Oder auf einem Xylophon. Man bräuchte das Instrument nicht einmal zu beherrschen. Und sie stellten sich die nächste Geburtstagsparty vor. „Ich spiele euch heute Abend ein Stück von John Cage auf einer mittelalterlichen Leier." Na, das würde ein familiengeschichtliches Ereignis werden!

Heute Abend aber beschlossen sie nur, ein stilles Weihnachtslied – nicht – anzustimmen. „Stille Nacht, heilige Nacht". Ohne Worte und ohne Töne. Die Nachbarn könnten zwar hinterher behaupten, es wäre überhaupt nicht gesungen worden an diesem Abend im Haus der Wylies. Doch was würden sie davon schon verstehen!

Und Susan Wylie erzählte später, ihr sei das Wunder der Weih-Nacht in diesem stillen Lied ganz neu nahe gekommen. Während des Nicht-Singens nämlich habe sie sie beinahe sinnlich vernommen, die Chöre der himmlischen Heerscharen: „Euch ist heute der Heiland geboren, welcher ist Christus, der Herr!" Ihr war in der Stille der Heiland geboren.

Und sie beschloss, sich immer wieder solche vier Minuten und 33 Sekunden zu schenken. Sich selbst und anderen. Und das nicht nur zur Weihnachtszeit.

Termine mit Gott und Termine für Gott

Eine Geschichte aus dem Neuen Testament: Jesus ist unterwegs. Und wie immer nicht allein. Da sind die zwölf Jünger. Und viele andere Menschen, die ihm auf seinem Weg folgen. Männer und Frauen. Manche freilich nur als Wegabschnittsgefährten. Sie sind unterwegs nach Jerusalem. Zum Ziel der Lebensreise von Jesus auf dieser Erde ...

Sie kommen in ein Dorf, wahrscheinlich nach Bethanien. Dieser kleine Ort liegt in der Nähe von Jerusalem, am Osthang des Ölbergs.

Hier wohnen Maria und Martha. Und hier wohnt auch Lazarus. Keiner von den dreien ist verheiratet. Es gibt Theologen, die davon ausgehen, dass sie vielleicht zur Gruppe der Essener gehörten, also zur dritten großen „Fraktion" im damaligen Judentum – neben den Pharisäern und Sadduzäern. Essener heirateten in der Regel spät oder gar nicht. Viele der ersten Christen waren früher Essener gewesen.

Maria und Martha werden es schon ein paar Stunden zuvor gehört haben: Jesus kommt. Aber eben nicht nur Jesus allein ...

Ich sehe, wie Martha mit der Einkaufstasche durchs Dorf hetzt. „Was haben wir noch in der Vorratskammer? Was brauchen wir noch unbedingt? Wie viel Brot muss ich backen? Wie viel Gemüse kochen? Reicht das Wasser in den Krügen? Reicht der Wein?" Nein, sie hetzt nicht nur *einmal* durchs Dorf. Sie läuft gleich ein paar Mal.

Maria aber wahrscheinlich auch. Denn so einen großen, so einen wichtigen Besuch kann unmöglich eine von beiden alleine vorbereiten. Sicherlich gibt es auch noch ein paar Hilfskräfte, die eingespannt werden. Aber Martha ist wohl doch diejenige, die alles organisiert, die alles im Griff hat.

Dann endlich sind sie da. Herzliche Umarmungen, ein herzhaftes „Kommt rein und setzt euch". Das Haus ist voll. Voll von Jesus. Aber auch voll von den vielen Begleitern.

Das ist ein Festtag, ohne Zweifel. Jesus kommt nicht alle Tage.

Und so viele Gäste hat man auch nicht alle Tage. Ein Festtag und ein Stresstag! Für Martha. Die hat die Schürze umgebunden. Sie deckt. Sie serviert. Sie sorgt dafür, dass alles läuft.

„Wo ist nur Maria?", stöhnt sie zuweilen. „Warum hilft sie mir nicht?"

Und dann sieht sie Maria. Ihre Schwester sitzt bei den Männern! Als gäbe es nichts Wichtigeres auf der Welt! Ihre Schwester sitzt bei Jesus und ist ganz Auge, ganz Ohr. Ihr entgeht kein Wort, das der Meister spricht. Denn sie weiß längst, dass seine Worte nicht mit den Worten der anderen Rabbiner, der anderen Schriftgelehrten zu vergleichen sind. Seine Worte haben eine ungewöhnliche Vollmacht. Sie gehen tiefer, hellen auf, erklären Zusammenhänge. Sie trösten. Sie stärken. Sie korrigieren. Nein, eigentlich sind das gar keine menschlichen Worte, das weiß Maria. Eigentlich sind das göttliche Worte.

Maria sieht ihre Schwester nicht. Maria sieht nicht, wo Fladenbrot nachgelegt, wo Wein nachgeschenkt werden müsste. Maria ist ganz und gar bei Jesus. Sie lauscht und sie staunt.

Ja, Maria ist *bei* Jesus. Während Martha *für* Jesus arbeitet.

Endlich platzt Martha der Kragen. Und sie beschwert sich bei Jesus. „Herr, siehst du nicht, dass meine Schwester mir gar nicht hilft? Sie überlässt mir die ganze Arbeit. Kannst du ihr nicht sagen, dass auch sie etwas tun soll?" Wahrscheinlich hat sie vorher schon ein paar Mal vergeblich „Maria" gezischt und gerufen. Aber Maria hat nie darauf reagiert. Nun hofft sie auf ein Machtwort von Jesus.

Aber Jesus, so stelle ich mir das vor, sagt zunächst einmal gar nichts.

Er schaut Martha an. Er schaut sie liebevoll und verständnisvoll an. Und was sieht er? Eine energische, schwitzende, nervöse Hausfrau.

Und dann sagt er:

„Martha, Martha, du machst dir viel Sorgen, und du mühst dich um Dinge, die im Grunde nicht so wichtig sind. Wichtig ist nur eins. Und das hat – Entschuldigung! – Maria verstanden. Und ich werde sie davon nicht abbringen."

Ich glaube nicht, dass Jesus hier eine falsche Alternative anbietet, dass er sagen will: Sitzen und Sinnen ist immer und grundsätzlich besser als Schaffen und Schimpfen.

Jesus sagt hier wohl viel mehr: „Es kommt auf die Umstände an. Auf die Situation. Mal ist Arbeiten angesagt. Mal stillsitzen. Aber manchmal ist es wichtiger, einen Termin *mit* mir zu haben statt einen Termin *für* mich. Manchmal ist es wichtiger, bei mir zu sein, als für mich zu arbeiten."

Uups. Wie viele Termine für Jesus habe ich! Und wie wenige mit ihm!

Ein guter Bekannter, Colin Buckland, betreut, berät und begleitet in England Seelsorger, Pastoren und andere Hauptamtliche in der Kirche. Er erzählte mir einmal, dass seiner Einschätzung nach über 50 Prozent ans Aufhören denken. Und dass nicht wenige unmittelbar vor einem Burnout stehen.

Das ist England, möchte man sagen. Weit weg. Aber ist das bei uns so sehr anders? Ein junger Pastor im Harz sagte mir, als er diese Zahlen hörte: „Ich glaube, bei uns ist der Prozentsatz noch höher."

Hilfe!

Vor ein paar Jahren entdeckte ich eine Grabplatte an der katholischen Pfarrkirche St. Verena in Fischen im Allgäu:

„Nur vier Jahre, 1942–1946, wirkte hier in schwerer Zeit der Hochwürdige Herr Pfarrer Matthias Miller, geb. am 14.06.97 in Wabern bei Landsberg/Lech, Priester a. 18.07.22, gest. am 09.01.46, ein Opfer seines Seeleneifers, der keine Rast noch Ruhe kannte."

Ich kenne seine Geschichte nicht. Und ich möchte meine Zeit nicht eintauschen gegen seine Zeit in den letzten Jahren des verheerenden Zweiten Weltkriegs. Und trotzdem frage ich mich, ob es das ist, was Gott von seinen Dienern erwartet. Seeleneifer, der keine Rast noch Ruhe kennt ...

Max Frommel (1830–1890), Generalsuperintendent in der Hannoverschen Landeskirche, schrieb einmal an seine Pfarrer:

„Eine besondere Gefahr scheint mir die Überhäufung mit Einzelarbeit und Zersplitterung der Kraft. Über dem Verkehr mit vielen Menschen oder im Aktenstaube sind manchem, der edlen Anfang und hohe Ziele hatte, die größeren Gesichtspunkte abhanden gekommen. Man muss immer wieder auf den Berg steigen, um in der Stille das Arbeitsfeld und das Schlachtfeld zu überblicken."

Der Takt des Lebens muss stimmen. Der Rhythmus. Ruhn und Tun. Beten und Arbeiten. Einatmen und ausatmen. Einsteigen und aussteigen. Beides ist nötig. Beides hat seine Zeit. Beides will Gott.

Jesus sagt zu Martha:

„Maria macht es richtig. Sie macht es *hier und jetzt* richtig. Morgen, wenn wir weitergezogen sind und sie immer noch hier sitzt, und du, Martha, den ganzen Abwasch alleine erledigen musst, dann macht sie es nicht mehr richtig. Jetzt aber, Martha, jetzt bin ich da. Jetzt bin ich in deinem Haus. Jetzt bin ich in deiner Nähe. Jetzt solltest du Zeit *mit mir* verbringen und nicht nur *für mich*."

Jesus überfordert seine Leute nicht. Im Musical „Noch einmal Kapernaum" lasse ich ihn seinen müden Jüngern zusingen:

Ihr braucht erst mal Ruhe
Ihr braucht erst mal Luft
Geht essen, geht schlafen
Seid frei
Ich still euren Jammer
Ich gebe euch Kraft
Geht beten, geht danken
Seid frei

Sätze für Mitarbeiter. Für engagierte, fleißige Mitarbeiter.

Gibt es bei uns Menschen eigentlich *die* Marias und *die* Marthas?

Klar, es gibt die, die nicht stillsitzen können und die, die nicht aus den Puschen kommen. Es gibt die Anpacker und Haudraufs, die vielleicht schon als Kinder gelernt haben: Wenn ich's nicht mache, macht's keiner. Und es gibt die Gut-dass-mich-keiner-sieht's. Die vielleicht schon als Kinder gelernt haben, dass sich schon irgendjemand drum kümmern wird.

Wir sind tiefer geprägt als wir denken!

Wer bin ich?

Wenn ich *mich* selbstkritisch betrachte, entdecke ich viele Martha-Anteile an mir. Da ist stets vieles zu erledigen für den ERF, für die Evangelische Allianz und ProChrist, für die Gemeinde Jesu, für Gott: Sendungen, Sitzungen, Veranstaltungen, Planungen und Überlegungen, Konzerte und Konzepte. Eigentlich ist immer was los.

Ich stöhne darüber – und bin doch auch ein bisschen stolz. Denn ich bin – ein Mann. Für Männer zählt Leistung, zählen Zahlen und Lösungen. Männer müssen wichtig sein. Männern fällt es oft schwerer als Frauen, einfach stillzusitzen und zuzuhören. Nichts tun müssen empfinden viele als Strafe. Nichts tun *können* noch mehr.

Vielleicht ist das ja auch ein klassisches Konfliktfeld zwischen Männern und Frauen. John Gray schildert das in seinem köstlichen Buch „Männer sind anders. Frauen auch" an vielen Beispielen. Frauen etwa wollen einfach mal ihr Problem *erzählen*. Männer aber ziehen sofort den Heimwerkeranzug an und wollen etwas *tun*.

Manchmal aber kann man nichts tun. Manchmal darf man nicht einmal etwas tun. Manchmal muss man einfach mal stillsitzen, zuhören, aushalten.

Männer sind Marthas. Meist.

Ob sie deswegen zuweilen geradezu panische Angst vor dem Ruhestand haben? Je „wichtiger" sie waren, umso mehr ist das meist der Fall. Viele werden ja im Ruhestand nicht müde zu behaupten, sie hätten jetzt noch weniger Zeit als früher.

Wär' ja schrecklich, wenn man Zeit hätte, nichts zu tun hätte! Nicht gefragt wäre! Wer wäre man dann überhaupt noch?

Manchmal haben Männer sogar Angst vor dem Urlaub ...

An der Reling eines Kreuzfahrtschiffes bekannte ein erfolgreicher Manager: „Ich habe eigentlich verlernt, Urlaub zu machen. Ich muss immer was bewegen. In den ersten Tagen hier habe ich mich gefragt, wofür es mich überhaupt gibt auf dieser Welt. Ich hab ja schließlich nichts geschafft!"

Aber ich kenne auch genügend Frauen, denen es ähnlich geht. Angst vor der Freizeit. Vor der Einsamkeit. Vor der Stille.

Manchmal können sich die besonders Aktiven sogar auf die Altvorderen berufen. So soll der Urgroßvater meiner Frau, wenn's zu Hause drunter und drüber ging, immer wieder gestrahlt haben: „Im Rummel liegt der Segen!"

Liegt er dort wirklich? Liegt er immer dort?

Max Frommel warnt:

„Wer sich nicht die nötige Ruhe gönnt, dem gibt Gott unfreiwillige Ferien, und wer am Sonntag nicht feiert, der kriegt viele Feiertage, die er nicht mag."

Jesus sagt zu der Martha in mir:

„Nun setz dich doch mal hin! Nun werd doch mal still! Ich bin da! Bei dir, in deiner Familie, in deiner Gemeinde, in deiner Kirche. Ich will mit dir reden. Hör mir doch einfach zu. Und vertrau doch bitte darauf, dass jetzt andere an deiner Stelle schaffen und schuften. Und ich sowieso! Das Reich Gottes wächst auch ohne dich!"

Vielleicht sagt er's auch so, mit Worten von Marie Chapian:

„Lass mich dir nahe sein. Ich will deine flatternden Nerven beruhigen. Ich will es dich merken lassen, wenn du selbstgerecht bist, wenn du beginnst, dich zu rühmen und dich selbst so wichtig nimmst. Ich will deine Schritte auf den Weg echter Erfüllung führen, wo du das Geheimnis der Weisheit entdeckst: Alles loszulassen, um so viel mehr in mir zu gewinnen."

Bestimmt bekommt so das, was wir tun, neue Kraft, ja, Vollmacht.

Noch einmal Max Frommel:

„Ich vergleiche Einnahme und Ausgabe des inneren Lebens und finde, dass ich mehr ausgegeben als eingenommen habe. Aber ich klammere mich an Gottes Barmherzigkeit. Nicht die Quantität, sondern die Qualität entscheidet. Die Arbeit soll nicht mich beherrschen, sondern ich die Arbeit."

Jesus kommt. Er kommt immer wieder. Er ist schon da. Darum will ich mir Zeit nehmen für ihn. Ich will ihm zu Füßen sitzen. Immer wieder. Ich will mich von seiner Liebe beschenken lassen. Ich will mir seine Fürsorge gefallen lassen. Ich will ruhig werden, still werden.

Und ich will staunen. Ist das nicht geradezu unglaublich? Zu *uns* kommt er, zu *mir*.

Da hätte es doch ganz andere Häuser gegeben, ganz andere Menschen. Reichere, bedeutendere, wichtigere, frömmere. Doch Jesus kommt zu mir. Nun will ich ihm begegnen. Will ganz für ihn da sein, weil er ganz für mich da ist.

Und wenn der Alltag wieder anfängt, will ich für ihn arbeiten. Will ich die Ärmel hochkrempeln und mithelfen, dass sein Wort, sein gutes Wort unter die Leute kommt. Will ich mithelfen, dass sein Licht in der Dunkelheit unserer Welt scheint.

Immer wieder will ich Maria sein, um danach auch wieder als Martha in dieser Welt tätig zu sein. Für ihn und für die Menschen, zu denen er mich schickt.

Wer nie Maria ist, kann auf die Dauer auch nicht Martha sein.

Herbstlaub

Manchmal treibt es mich wie Herbstlaub durch die Gassen
Keine Zeit für ein Gespräch, für ein Gebet
Doch auf einmal kriegst du wieder mich zu fassen
Und ich weiß, du hast mich niemals losgelassen
Und ich spüre, wie die Unruhe vergeht

Manchmal weiß ich, manchmal kann ich nicht mehr weiter
Manchmal seh ich keine Tür mehr in der Wand
Doch dann öffnet sich ein Weg, erst schmal, dann breiter
Und dann lächelst du mir zu, gelöst und heiter
Und ich atme auf und greif nach deiner Hand

Du bist da, bist der Frühling, wenn alles blüht
Du bist da, das ist gut
Du bist da, bist der Freund, der nie weiterzieht
Du bist da, tust mir gut

Manchmal ringt mich die Vergangenheit zu Boden
Manchmal klagt mich jedes Wort an, das ich sprach
Doch dann fühl ich mich auf einmal aufgehoben
Kann nur taumelnd deine große Liebe loben
Und ich winke allen meinen Fehlern nach

Manchmal ist es in mir einfach nur noch dunkel
Manchmal fühle ich mich ausgebrannt und leer
Doch dann seh ich deine Sterne wieder funkeln
Und die Wolken fliehen, die den Mond verdunkeln
Und ein Licht geht auf, das Herz ist nicht mehr schwer

Und Jesus ging auf einen Berg …

„Ich brauche zwischendurch immer wieder mal den Helikopter", sagte der Schauspieler Heinz Hönig einmal in einer Talkshow. „Damit ich die Welt von oben sehen kann. Mit Abstand. Da kriegt dann alles die Bedeutung, die ihm zusteht."

Den Helikopter nehmen – im übertragenen Sinn heißt das für mich: Still werden. Beten. Die Welt mit den Augen Gottes sehen. Erkennen, was mich begeistert und was mich bedrückt. Um dann entspannt und mit neuer Orientierung wieder einsteigen in das Gedränge des Alltags.

Immer wieder berichten die Evangelisten, dass Jesus auf einen Berg ging, um zu beten. Nachts. Er brauchte das Gespräch mit seinem himmlischen Vater wie die Luft zum Atmen. Ich sehe ihn denken und danken und loben und klagen. Und ich sehe ihn gestärkt zurückkommen. Erfrischt und ermutigt. Und ich sehe ihn anpacken. Und ich höre ihn Worte sagen, die Menschen helfen.

Das Leben des Gottessohnes war ja alles andere als beschaulich. Von morgens bis abends Menschenmenschenmenschen. Und trotzdem berichten die Evangelisten, dass Kraft von ihm ausging. Ruhe. Liebe. Besonnenheit. Allein schon deswegen suchten die Menschen seine Nähe.

Ich frage mich: Was geht eigentlich von mir aus? Kraftlosigkeit? Ruhelosigkeit? Lieblosigkeit? Unbesonnenheit? Liegt das am Ende daran, dass ich mir die stillen Momente vorenthalte? Die intime Zwiesprache mit dem Vater im Himmel? Liegt es daran, dass ich ständig Martha bin und viel zu selten Maria?

Von Martin Luther wird überliefert, dass er umso länger betete, je mehr er zu tun hatte. „Heute habe ich besonders viel zu tun, also will ich viel beten!"

Ich hingegen streiche die Termine mit Gott häufig radikal zusammen, wenn ich zu viele andere Termine zu bewältigen habe.

Und dann? Irgendwann kann ich nicht mehr! Und will auch nicht mehr! Aber Herzinfarkt und Burnout sind keine Frucht des Heiligen Geistes. Sie können auch organische Ursachen haben, klar. Aber zuweilen sind sie das Ergebnis eines falschen Lebensstils, falscher Prioritäten.

Wo ist mein einsamer Berg? Wo ist meine Wüste? Wo ist der stille Platz, an dem ich allein bin mit mir und meinem Gott? Wo ist das Zeitfenster, das ich dafür reserviere?

Zuweilen platzt er mitten hinein in den Trubel meines Alltags. Zum Glück. Aber die wichtigen Erkenntnisse reifen in der Stille.

Noch einmal Martin Luther:

„Gleichwie die Sonne in einem stillen Wasser gut zu sehen ist und es kräftig erwärmt, kann sie in einem bewegten, rauschenden Wasser nicht deutlich gesehen werden. Darum, willst du erleuchtet werden durch das Evangelium, so gehe hin, wo du stille sein und das Bild tief ins Herz fassen kannst. Da wirst du finden Wunder über Wunder."

Und mit Dietrich Bonhoeffer möchte ich ergänzen:

„Das Wort kommt nicht zu den Lärmenden, sondern zu den Schweigenden!"

Heilige Orte

Gibt es eigentlich Orte, an denen Gott deutlicher spricht als an anderen? An denen Sie seine Gegenwart klarer spüren können? Natürlich, es gibt heilige Orte, heilige Plätze. Wallfahrtsorte, zu denen Menschen pilgern. Das „Heilige Land" gehört dazu. Seit Jahrhunderten pilgern Menschen „hinauf nach Jerusalem". Ich weiß noch, wie stolz ich nach meiner ersten Jerusalem-Reise meine „Pilger-Urkunde" in Empfang genommen habe.

Aber es muss nicht unbedingt Jerusalem sein. Eine ungeheure Faszination übt seit ein paar Jahren der Jakobsweg nach Santiago de Compostela im Nordwesten Spaniens aus, der zum Grab des Apostels Jakobus führt. Spätestens seit Hape Kerkeling „dann mal weg" war, gleicht der Weg an manchen Stellen eher einer belebten Fußgängerzone als einem ruhigen Pilgerweg. Manche Menschen sind hier zu Fuß viele hundert Kilometer unterwegs. Auf der Suche nach – ja, wonach eigentlich? Vor allem wohl nach sich selbst, nach Sinn, nach Ruhe und nach – Gott.

Ob sie ihn finden?

Auch die Bibel beschreibt heilige Orte. Zum Beispiel in 2. Mose 40, 34–38:

„Da bedeckte die Wolke die Stiftshütte, und die Herrlichkeit des Herrn erfüllte die Wohnung. Und Mose konnte nicht in die Stiftshütte hineingehen, weil die Wolke darauf ruhte und die Herrlichkeit des Herrn die Wohnung erfüllte. Und immer, wenn die Wolke sich erhob von der Wohnung, brachen die Israeliten auf, solange ihre Wanderung währte. Wenn sich aber die Wolke nicht erhob, so zogen sie nicht weiter bis zu dem Tag, an dem sie sich erhob. Denn die Wolke des Herrn war bei Tage über der Wohnung, und bei Nacht ward sie voll Feuers vor den Augen des ganzen Hauses Israel, solange die Wanderung währte."

Was macht einen Ort eigentlich zu einem heiligen Ort?

Die Gegenwart Gottes. Nicht mehr und nicht weniger. Das heilige Zelt wird erst heilig, wenn sich Gottes Herrlichkeit darauf niederlässt.

Aber vielleicht kommt noch etwas dazu, denn sonst könnte jeder Ort auf dieser Welt ein heiliger Ort sein – weil Gott ja überall ist. Martin Reiher, der frühere Probst der Evangelischen Gemeinde in Jerusalem, sagte einmal in einem Interview: „Es sind die Gebete, die einen Ort zu einem heiligen Ort machen!"

Ich sitze oft in der alten Benediktinerkirche in Bursfelde an der Weser. 1093 wurde hier ein Kloster gestiftet. 1438 ging von hier die Bursfelder Kongregation aus, eine Reformation vor der Reformation. Und ich denke immer wieder: Hier haben also schon vor 900 Jahren Menschen gebetet und Gottes Gegenwart erlebt. Der Raum ist getränkt von diesen Gebeten. Ob das ein Grund dafür ist, dass heute an diesem Ort das Beten leichter fällt als anderswo?

Warum eigentlich sind evangelische Kirchen immer zugesperrt?

Aber ich werde meinen Platz schon finden! Und will dort Zeit investieren. Ein kurzer Fotostopp reicht nicht. Ich muss die Stille suchen, oder: mich von ihr finden lassen.

Ich hörte auf die Stille

Ich hörte auf die Stille, auf das Schweigen in der Nacht
Ich hörte auf die Stille, denn der Tag war noch nicht erwacht
Ich hörte auf die Nacht

Ich hörte auf die Stille, doch der Lärm in mir war groß
Ich hörte auf die Stille, doch ich wurde mich selbst nicht los
Mein Lärm war viel zu groß

Vater, hilf uns schweigen, dass wir hören, wenn du sprichst
Vater, hilf uns hören,
Wenn du heut dein Schweigen brichst

Ich hörte auf die Stille und ging tief in mich hinein
Erschrak vor wilden Plänen und vor ziellosen Träumerein
Ich ging in mich hinein

Ich hörte auf die Stille, doch ich konnte es nicht
Mein Denken, Planen, Fühlen, war viel lauter,
als was Gott spricht
Mich hörte ich, ihn nicht

Vater, hilf uns schweigen, dass wir hören, wenn du sprichst
Vater, hilf uns hören,
Wenn du heut dein Schweigen brichst

Ich hörte auf die Stille, und ein Wort kam auf mich zu
Das anders war als meine, das voll Hoffnung war, voll Ruh
Dein Wort kam auf mich zu

Ich hörte auf die Stille, und da sprachest du mich an
Ich lernte: Deine Fülle macht den reich, der dich hören kann
Und du sprichst jeden an

Vater, hilf uns schweigen, dass wir hören, wenn du sprichst
Vater, hilf uns hören, weil du jetzt
Dein Schweigen brichst

Und wo ist mein heiliger Ort?

Immer wieder holt Gott Menschen, denen er sich besonders offenbaren will, in die Wüste. Weg von allen Zerstreuungen, von allen Ablenkungen. Das war kein großes Problem in Israel. Die Wüste war allgegenwärtig. Auch im Gedächtnis des Volkes.

40 Jahre lang hatten sie in der Wüste gelebt, waren dort umhergewandert, hatten sich dort gelagert. Hier hatte Gott ihnen die Frage aller Fragen vorgelegt: Entscheidet, wem ihr dienen wollt – mir oder den Göttern? Mir oder euch selbst? Entscheidet euch zwischen Segen und Fluch.

In der Wüste hatte Gott einen neuen Auftrag für den ausgepowerten, ausgebrannten Elia.

In der Wüste „geschah das Wort zu Johannes".

In der Wüste wurde Jesus versucht: Würde er seiner Berufung treu bleiben?

Die Wüste ist der Ort der Entscheidung. Die Wüste, die – so hat es der Pastor Klaus Vollmer einmal formuliert – lebensfeindlich, aber geist-freundlich ist. Im Gegensatz zur Oase, die zwar lebens-freundlich, aber geist-feindlich ist.

Die Wüste ist ein geheimnisvoller Ort. Sie lockt und droht gleichzeitig. Nichts lenkt ab. Nichts zieht meine Gedanken nach außen. Die Wüste verweist mich nach innen.

Aber das ist auch ein bisschen gefährlich. Denn man begegnet hier ja nicht nur Gott, sondern auch dem Bösen, auch den Dämonen. Auch sich selbst und seinem Schatten. Es gibt kein Entrinnen, alle Selbsttäuschungen werden schonungslos aufgedeckt.

Als später Mönche, Einsiedler in die Wüste gegangen sind, da wollten sie vor allem auch mit den Dämonen kämpfen, stellvertretend für die Welt.

Immer wieder gibt es Momente, in denen das ganze Elend meines Lebens über mir zusammenstürzt. In denen mir die Dämonen alle Verfehlungen vorhalten, derer sie habhaft werden können – alle Worte, die ich besser nicht gesagt hätte, und alle jene, die ich verschwiegen habe. Alle Lügen, alle Eitelkeiten, alle Ungereimtheiten meines Lebens halten sie mir erbarmungslos unter die Nase. Und ich kann mich nur vor ihnen verstecken.

Immer wieder entlarven sie alle Scheinheiligkeiten.

In der Wüste lernt man sich selbst kennen, sich selbst aushalten. Das ist nötig. In der Wüste kann ich nicht vor mir weglaufen. Ich entdecke, dass ich ein verlorener Sünder bin. Unzumutbar für die Heiligkeit Gottes. Aber dann lerne ich auch den barmherzigen Gott hautnah kennen. Und das Kreuz seines Sohnes reißt mich aus der Verzweiflung.

Joshua Chun-min Kang, den man auch den Richard Foster Koreas nennt, schreibt in seinem Buch „Tief verwurzelt in Christus“:

„Ein Mann oder eine Frau Gottes entwickelt sich nicht in Palästen, in behaglichen Klassenräumen oder ruhigen Wohnheimen. Matrosen bekommen ihre Ausbildung auf rauer See; Soldaten in unwegsamem Gelände. Und Männer und Frauen Gottes absolvieren ihre Ausbildung in der Wüste."*

Nun werden die wenigsten von uns in die Wüste fliehen, wenn sie ein paar stille Stunden oder Tage suchen. Dann schon eher in einen verschwiegenen Wald. Oder auf einen hohen Berg. Oder in eine offene Kirche. Oder ein Kloster, ein Haus der Stille. Zum Glück haben viele solche Häuser ihre Türen weit aufgesperrt für Menschen, die dem Lärm um sich herum und in ihnen entfliehen wollen.**

Braucht man einen solchen besonderen Ort? Kann man nicht überall beten, weil Gott überall zu sprechen ist? Natürlich! Vor Jahren hatte ich einen Begrüßungstext auf meinem Handy: „Gott ist da. Wo bin ich gerade?" Aber genau hier wird das Problem deutlich. Es liegt nicht an Gott, es liegt an mir.

Stille Plätze können helfen. Vor allem dann, wenn ich sie wieder und wieder aufsuche. Mir zum Beispiel geht das so in „meiner" kleinen Zelle in Gnadenthal oder in „meinem" Dachstübchen in Bursfelde. Weil ich hier schon oft war und gebetet und gehorcht und geweint und gelacht und gedacht und geplant habe, fällt mir das Beten und Hören an diesen Orten leichter. Ich bin sozusagen „konditioniert". Das hilft.

Mancher richtet vielleicht einen kleinen stillen Winkel in seiner Wohnung ein. Ein Kreuz, eine Kerze, die Bibel und ein Notizbuch – mehr braucht so ein stilles Plätzchen nicht. Aber so kann es zu meinem heiligen Ort werden.

---

* Chun-min Kang: Tief verwurzelt in Christus. Schritte zum Innehalten. Neufeld-Verlag 2009.

** Einige Anregungen und Adressen gibt es im Anhang.

Meine ersten zarten Versuche mit der Stille

Seit ich denken kann, kämpfe ich mit der Stillen Zeit am Morgen. Denn erstens bin ich kein Morgenmensch. Und zweitens kann ich mich so schwer an Gewohnheiten gewöhnen. Und drittens bin ich Künstler. Die machen ohnehin nicht, was die anderen machen.

Und trotzdem weiß ich, wie wichtig diese Zeit ist. Ob am Morgen, Mittag oder Abend, ich brauche ein Wort von Gott. Täglich. Ich brauche das Zwiegespräch mit ihm. Ständig. Gott gehört zu meinem Alltag wie das Frühstück am Morgen.

Und so kämpfe ich tapfer weiter ...

Aber jede Beziehung braucht nicht nur Alltage, sondern auch Feiertage. Das ist der Gottesdienst am Sonntagmorgen, klar. Das sind die Festtage des Kirchenjahres, klar. Aber das sind für mich seit ein paar Jahren auch Stille Wochenenden, Stille Tage, Stille Wochen. Feiertage meiner Beziehung zu Gott.

Ich erinnere mich an das erste Stille Wochenende bei der Jesus-Bruderschaft in Gnadenthal. Immer wieder hatte ich davon gelesen und gehört. Immer wieder aber hatte ich mich nicht getraut. Doch dann endlich hatte ich's gewagt.

Ein Rückblick in Tagebuchnotizen:

„Ich sitze hier mit der versammelten Unruhe meines Lebens. Noch ist Alltag. Noch hat der Stille-Tag so richtig nicht begonnen. Aber ich weiß schon, dass ich diese Phase zulassen muss. Ich kann nicht einfach abschalten, umschalten. Ich muss es auch nicht. Wer Gott begegnen will, muss nicht erst heilig werden. Er wird es. Wer die Stille sucht, muss sie nicht schon mitbringen. Er findet sie. Wer Belastendes abgeben möchte, darf es, muss es vor sich selbst und vor dem lebendigen Gott ausbreiten, damit er befreit werden kann. Und das darf so chaotisch, so unstrukturiert sein wie bei mir an diesem Morgen. Am Anfang der Schöpfung war Chaos, Tohuwabohu, und der Geist Gottes und sein Wort: ‚Es werde Licht.' Herr, lass es Licht werden heute."

„Ankommen ist schwer. Die liturgischen Gesänge sind zunächst fremd. Ich habe mich auf diese Tage gefreut. Nun erscheinen sie mir lang, wenig attraktiv. Gedanken bedrängen mich. Menschen, die mir auf der Seele liegen. Der ERF mit seinen vielfältigen Anforderungen, Zerreißproben. Die Gefahr, aufgerieben zu werden zwischen auseinanderstrebenden Interessen. Neu habe ich die Erkenntnis: Es ist nicht wichtig, ob andere toll finden, was ich tue, denke, sage. Wichtiger ist, im Einklang mit Gott zu sein, denn das ist Freiheit. Ich kann nicht alle zufriedenstellen. Ich möchte, ich muss Gottes Willen tun. Mehr Zeit mit ihm verbringen. Mehr auf ihn als auf andere hören. Ich sehe die schwangere Maria auf dem Weg von Nazareth nach Ein Kerem. Ich höre ihr Magnifikat. Christus gewinnt Gestalt in ihr. Christus soll auch in mir Gestalt gewinnen."

„Einfach nur müde und leer. Die Stille bisher ohne Faszination. Keine tiefen Gedanken, keine tiefen Gebete. Gestern angekommen. Kalt und trüb ist es draußen. Schlafen tut gut. Nach der morgendlichen Einführung schlafen. Nach dem Mittagessen schlafen. Nach einem weiteren Impuls am Nachmittag erste zarte Gebetsfäden in der Kapelle. Komme ich allmählich an? Ich sehne mich nach Sonne, nach Licht, nach Freiheit, nach ungebrochener Gemeinschaft, nach angstfreien Zonen. Ich sehne mich nach dem Himmel. Und Gott sehnt sich nach mir. Ich weiß das. Ich schreibe das. Ich predige das. Glaub' ich es auch wirklich? Heute Nachmittag habe ich erfahren: Gott kommt, um meine Sehnsucht zu stillen. Der Himmel kommt auf die Erde. Der Himmel kommt zu mir. Erfahre ich das?"

„Angekommen. Endlich. Ich freue mich wie ein kleiner Junge. Aufatmen, einatmen, ausschlafen. Nichts reden müssen, nichts entscheiden müssen, nichts raten müssen, nichts müssen müssen."

„Fast drei Tage Schweigen. Ungewohnt. Aber ich mache überraschende Entdeckungen. Ganz schlichte zum Teil. Zum Beispiel diese: Im Schweigen erlebst du vieles intensiver. Den Tee und das Käsebrot zum Frühstück. Die warme Dusche. Und die Gegenwart Gottes. Beim Morgengebet Tränen der Freude: Jesus ist da. Er heißt mich willkommen und ich ihn. Und ich singe intensiver als sonst: „Gott ist gegenwärtig. Alles in uns schweige.“

Zur Stille gehört das Schweigen. Denn Schweigen fördert die Stille, gibt ihr Raum, damit Christus in mir Raum gewinnen kann.

Denn nur du kriegst das hin

Ich geb dir meine Fragen in endlos langer Nacht
Die Sorgen um mein Leben, um Einfluss, Geld und Macht
Gedanken und Gefühle, oft dunkel, wirr und schwer
Was drückt und was mich ängstet, ich geb es gerne her

Denn nur du, denn nur du kriegst das hin
Pack ich's ohne dich an, hat's ja doch keinen Sinn
Denn nur du, denn nur du kriegst das hin

Ich geb dir meine Menschen, ich geb dir Freund und Feind
All das, was uns getrennt hat, und alles, was uns eint
Die Worte und das Schweigen, die Trauer und die Wut
Heil unsere wunden Seelen, bei dir wird alles gut

Ich geb dir meine Sehnsucht nach Liebe und nach Sinn
Die Bilder, wie ich sein will, und wie ich niemals bin
Ich geb dir meine Träume, ich geb dir jedes Ziel
Hier hast du meine Pläne und alles, was ich will

Denn nur du, denn nur du kriegst mich hin
Pack ich's ohne dich an, hat's ja doch keinen Sinn
Denn nur du, denn nur du kriegst mich hin

Still werden

Meist bin ich alles andere als still, wenn ich in die Stille komme. Vielleicht aber nehme ich zu Beginn den Lärm in mir umso lauter wahr, je leiser meine Umgebung wird. Alle Bilder und Wörter des Tages springen auf und ab wie Schimpansen auf einem Maulbeerbaum. Manchmal bin ich geradezu erschüttert, wie wenig still ich in der Stille bin.

Aber ich habe gelernt, dass ich nicht still sein muss. Dass ich nicht alle Affen vom Baum jagen muss. Dass ich zulassen darf, was da in mir tobt. Aber ich weiß, dass jetzt alles vor Gott tobt. Ich halte ihm das alles hin – und werde langsam ruhiger.

Nicht ausblenden ist das Geheimnis, sondern auspacken.

Manchmal hilft ein Tagebuch. Schreiben klärt das Denken. Hilft Gedanken zu Ende zu bringen.

Beim Beten hilft manchmal auch eine bestimmte Körperhaltung. Aufrecht auf einem harten Stuhl. Oder auf einem Kniebänkchen. Ich muss herausfinden, in welcher Haltung ich eine Weile aushalten kann. Auch hier gilt: Eine eingeübte Haltung meines Körpers sorgt früher oder später für eine entsprechende Haltung meiner Seele.

Atmen hilft. Ruhig ein- und ausatmen. Vielleicht auch, einen Satz dazu zu sprechen. „Ich bin dein!" beim Einatmen. „Hilf mir!" beim Ausatmen. Oder das uralte Herzensgebet „Herr Jesus Christus, erbarme dich meiner!" Oder: „Weg von mir, hin zu dir, ganz bei dir." Immer wieder. Bis es von selbst in mir betet. Bis der Geist in mir betet.

Ein Lied singen kann mir auch helfen. Einen einfachen Hymnus, den ich leicht auswendig lernen kann. Ein Taizé-Lied zum Beispiel. „Meine Hoffnung und meine Freude, meine Stärke, mein Licht. Christus, meine Zuversicht. Auf dich vertrau ich und fürcht mich nicht."

Ich entdecke immer wieder neue, auch ganz alte Gesänge. „Heilig bist du, Ursprung der Welt. Heilig bist du, Ziel aller Wege. Heilig bist du, ewige Gegenwart." Auch das kann, darf und soll ich vielleicht immer wieder mal singen.

Denn ich habe ja Zeit.

Zeit haben hilft vielleicht am meisten. Wie oft erlebe ich intensive Gebetszeiten auf langen Autofahrten. Mit offenen Augen ... Es tut gut zu wissen: Ich verpasse nichts. Es tut gut, wenn man nicht auf die Uhr schauen muss.

Das sollte man sich auch gleich abgewöhnen. Die Uhr ist der Feind der Stille. Auch die Stoppuhr. Zuweilen ertappe ich mich bei dem Gedanken: Jetzt habe ich aber wirklich lange gebetet. Dann schaue ich auf die Uhr und staune. 30 Minuten! Wow! Oder gar eine ganze Stunde! Und ich überlege schon, wem ich das wann erzählen könnte ... Männer! Aber neinneinnein! Beten ist kein Leistungssport. Wer die Stille funktionalisieren möchte, wird sie niemals finden. Der Geist weht, wo er will. Gott spricht, wann er will. Alles, was ich tun möchte, ist da sein. Bei ihm sein. Und bei mir. Und ihm erzählen. Und mir erzählen lassen.

Herrlich finde ich dieses afrikanische Sprichwort:

„Du darfst Gott erzählen, wie groß deine Probleme sind. Aber danach musst du deinen Problemen erzählen, wie groß Gott ist."

Und irgendwann höre ich dann vielleicht sogar ganz auf zu erzählen. Weil ich weiß, dass ich gar nichts erzählen muss. Weil Gott meine Gedanken liest. Und meine Gefühle. Weil er mich mit seiner Gegenwart beschenken möchte. Und mit seiner Liebe.

Immer wieder denke ich an das Rembrandt-Bild von der Heimkehr des verlorenen Sohnes. Abgerissen und ausgebrannt kniet er vor dem Vater. Und der lächelt ihm gütig zu. Und schließt ihn in die Arme.

Beten ist im Grunde nicht mehr und nicht weniger, als in Gottes offene Arme zu fallen, sich seine Zuwendung gefallen zu lassen.

Bei Gott alleine komme ich zur Ruhe

Bei Gott alleine komme ich zur Ruhe
Bei ihm allein wird meine Seele still
Bei Gott zählt, was ich bin, nicht, was ich tue
Ich weiß, dass er nur Gutes für mich will

Und hier hast du, was mich quält
Was zu viel ist, was mir fehlt
Und hier hast du meine Sorgen, meine Angst
Und hier hast du meinen Neid
Meinen Zorn, die Bitterkeit
Meine Dunkelheit ist das, was du verlangst

Und hier hast du meine Schuld
Übermut und Ungeduld
Und hier hast du meinen Traum vom besseren Ich
Und hier hast du meine Nacht
Meine Worte unbedacht
Meine Gaben, meine Grenzen, einfach mich

Und hier hast du, was mich drückt
Was misslingt und was mir glückt
Meine Narben und den Schmerz, kaum wahrnehmbar.
Und hier hast du, was mich treibt
Was ich will, was unterbleibt
Und hier hast du alle Tage, jedes Jahr

Die Mutter aller Gebete

Ich weiß nicht immer, wie ich beten soll. Und die Jünger wussten es auch nicht. „Herr, lehre uns beten!“, sagen sie eines Tages zu Jesus. „Bring uns das Beten bei! Du kannst es offenbar. Immer wieder haben wir dich dabei beobachtet. Manchmal sogar heimlich belauscht. Immer wieder haben wir uns gefragt, was es wohl eine ganze Nacht lang mit Gott zu besprechen gegeben hat, wenn du morgens von einem unendlich langen Gebet zurückkamst. Müde und doch merkwürdig erfrischt. Wir möchten das auch können. Herr, lehre uns beten!“

Und Jesus
gibt ihnen das Vaterunser.
Ihnen
und uns.

Das Vaterunser – die Mutter aller Gebete. Das Maß aller Gebete. Keine lange Litanei. Einfach, kurz und gut.

Darum gilt: Wer beten will, darf am Vaterunser Maß nehmen, darf dieses Gebet immer wieder selber sprechen. Und auf diese Weise beten, wie Jesus gebetet hat.

Ich bete das Vaterunser eigentlich jeden Tag. Mindestens einmal. Und ich bete es zuweilen ein paar Mal hintereinander, weil ich mich immer wieder dabei erwische, wie meine Gedanken abschweifen, wie ich die Worte gedankenlos dahinplappere. Wenn ich das Vaterunser bete, dann bete ich zwar immer dasselbe Gebet, bete aber doch jedes Mal ein anderes. Ich erlebe, wie mein ganzer Tag in diesem Gebet Platz nimmt. Ja, eigentlich mein ganzes Leben. Alles, was mir auf der Seele liegt. Jeder kleine Gedanke, jede kleine Gefühlsregung. Alles nimmt Platz in diesem himmlischen Gebet.

„Vater unser ..."

Ist das nicht geradezu unglaublich? Der Schöpfer des Universums erlaubt uns, ihn Vater zu nennen. Mehr noch: Vati. Papa. So hat Paulus das im Römerbrief formuliert (Römer 8,15):

„Denn ihr habt nicht einen knechtischen Geist empfangen, dass ihr euch abermals fürchten müsstet; sondern ihr habt einen kindlichen Geist empfangen, durch den wir rufen: Abba, lieber Vater!"

„Abba!" In Israel rufen das die kleinen Kinder heute noch, wenn sie ihren Papa suchen. Gott ist mein Vater. Mein Vati. Mein Papi. Den ich suche und der mich sucht. Bei dem ich mich verstanden fühle. Der mich liebt. Allein bei diesem schier unglaublichen Gedanken kann man gleich eine ganze Stunde und mehr verweilen ...

Aber Gott ist eben dann doch nicht nur „mein" Vater. Er ist „unser" Vater. Gott hat keine Einzelkinder. Das Vaterunser ist nicht nur ein Gebet für den Einzelnen, es ist ein Gebet für die

Gemeinde. Wer es mit anderen betet, hört die anderen neben und vor und hinter sich dieselben Worte sprechen. Und er weiß: Ich bin nicht allein. Ich habe Schwestern und Brüder. Und wir alle gehören zu diesem wunderbaren Vater.

„... der du bist im Himmel ..."

Im Himmel. Also wo, bitte schön? Nein, nicht jenseits der Milchstraße oder außerhalb des Universums. Der Himmel ist da, wo Jesus ist. Wo der Geist Gottes wohnt. Also auch bei mir, wenn ich bete. Gott ist unendlich groß, ja. Aber er ist auch unendlich nah! Manchmal beklagt sich einer, seine Gebete reichten nur bis zur Zimmerdecke. Ich sage dann immer: „Macht doch nichts! Gott wohnt doch nicht *außerhalb* deines Zimmers. Er ist doch *in* deinem Zimmer! Bei dir! In dir!"

Und doch öffnet mir diese Bitte die Augen dafür, dass es jenseits dessen, was Paul Deitenbeck immer „die Welt der Tische und Bänke" genannt hat, eine Welt gibt, in der Gott und Gott allein das Sagen hat. Wo Licht und Leben regieren. Wo es keinen Schnupfen und keine Terroranschläge gibt. Da wohnt Gott, der Vater. Und von dort hat sich Gott, der Sohn, aufgemacht zu uns, damit der Himmel auf die Erde kommt. Hier ist er herangewachsen und hier wird er eines Tages alles ausfüllen und überstrahlen. Darum:

„Dein Reich komme ..."

Wie gut, dass die Reiche unserer Welt nicht das Letzte sind und bleiben. Irdische Reiche kommen und gehen. Irdische Machthaber kommen und gehen. Ihre Macht ist begrenzt und zerbröselt eines Tages im Wind. Die Reiche der Ägypter, der Babylonier, der Griechen und der Römer sind längst Geschichte. Und zum Glück auch die Reiche der Nationalsozialisten und der Kommunisten. Eines Tages wird jedes Reich, das auf Erden existiert hat, Geschichte sein. Die Reiche dieser Welt gehen. Aber das Reich Gottes kommt!

„Dein Wille geschehe …"

Diese Bitte geht mir etwas schwer über die Lippen. „*Mein* Wille geschehe" – das wäre leichter auszusprechen. Und ich werde den Verdacht nicht los, dass das der geheime Grundtenor der meisten meiner Gebete ist. Ich präsentiere meinem Vater im Himmel einen schier unendlich langen Wunschzettel. Und habe auch gleich Vorschläge parat, wie er bitte schön diese Bitten erfüllen könnte. Manchmal tröste ich mich damit, dass das wohl nicht nur mein Problem ist.

Manchmal, ich geb's zu, bin ich in den so genannten Gebetsgemeinschaften mehr Zuhörer als Mitbeter. Ich höre dann viele, viele gut gemeinte Ratschläge, wie Gott auf diese oder jene Situation am besten zu reagieren hätte. Und manchmal habe ich den Verdacht, wir sprechen nur dann von einer Gebetserhörung, wenn Gott auf unsere Vorschläge eingegangen ist. Nein, nein und nochmals nein! Wenn ich bete, unterwerfe ich meinen Willen dem Willen dessen, der viel besser weiß, was gut und richtig und angemessen ist. Und ich ahne, dass der amerikanische Countrysänger Garth Brooks Recht hat, wenn er singt: „One of God's greatest gifts are unanswered prayers." Eine der besten Gaben Gottes sind unerhörte Gebete. *Scheinbar* unerhörte Gebete … Denn er hört und erhört jedes Gebet. Er geht nur nicht immer auf meine Vorschläge ein. Zum Glück.

Ich will nach Gottes Vorschlägen fragen. Will auf seine Wegweiser achten. Will lauschen ... damit ich mich nicht verirre, sondern herausfinde, was wirklich gut für mich ist, und für die Menschen, mit denen ich mein Leben teile.

„... wie im Himmel, so auf Erden ..."

Genau! Was im Himmel gilt, soll auch hier gelten. In meinem Alltag. In meiner Umgebung. In meiner Gemeinde. In der Welt. Denn im Himmel, in der Welt also, in der Gott uneingeschränkt regiert, ist es hell und warm. Dort gilt Gottes „Siehe, es ist sehr gut!" ohne jede Begrenzung. Bitte, bitte, lieber Vater im Himmel, lass es auf dieser Erde ein bisschen so werden wie in deinem Himmel. Darum bitte ich dich immer wieder: Komm! Und darum will ich immer wieder nach deinem Willen fragen und meinen eigenen Willen stets skeptisch unter die Lupe nehmen.

„Unser tägliches Brot gib uns heute ..."

Oh, hier kenne ich mich wieder sehr gut aus. An manchem Morgen denke ich: Das ist meine Lieblingsbitte. Denn das Brot, um das ich bitte, ist ja nicht nur Brot. Es ist die Energie, die ich brauche, um diesen Tag zu bewältigen. Es ist das Geld, das ich brauche, um mir kaufen zu können, was ich zu brauchen meine. Es sind die Spenden, die den ERF ermöglichen, die Gute Nachricht über den Äther zu schicken. Es sind die Menschen, ohne die ich nicht leben kann und nicht leben will. Es ist das gute Wetter, das meine Seele leicht macht. Es ist – ach, es ist alles, was ich brauche und wünsche und ersehne. Immer hätte ich gern eine gehörige Portion davon. So viel, dass ich einen soliden Vorrat anlegen kann. Damit ich morgen vielleicht nicht mehr bitten muss und heute schon beruhigt bin ...

Zu dumm, dass Jesus uns vorschlägt, für das *tägliche* Brot zu bitten. Und ich höre ihn sagen: „Mach dir keine Sorgen um morgen!" Und ich sehe das Volk Israel in der Wüste, das jeden Tag nicht mehr und nicht weniger als eine Tagesration Manna einsammeln durfte. Sammelten sie mehr, war's am nächsten Tag verdorben.

Nur für das Heute sorgen, das fällt mir schwer. Sehr schwer! Ich bin ein Kind der Gefrierschrank-Generation. Vorräte horten ist doch überhaupt kein Problem mehr. Alles lässt sich haltbar machen. Ich bin ein Kind der Altersvorsorge-Generation. Lege auf die Seite, was ich irgendwie erübrigen kann, damit ich auch später meine Gefriertruhe füllen kann. Ich bin ein Kind der Gesundheits-Generation. Hüpfe jeden Tag schweißgebadet auf meinem Rebounder auf und ab, damit ich später nicht matt und krank im Fernsehsessel verkümmere. Ständig denke ich an morgen. Ständig plane ich für morgen. Ständig lebe ich für morgen. Manchmal so sehr, dass ich überhaupt nicht mehr *heute* lebe ...

Und ich ahne, dass mich diese Bitte unendlich frei machen kann von unnötiger Vor-Sorge und unnötiger Planerei.

Die Stille ist auch eine Zeit des Loslassens. Denn hier entdecke ich: Er sorgt für mich.

„... und vergib uns unsere Schuld ..."

Unsere kleine Schuld. Unsere große Schuld. Unsere kleinen Schulden. Unsere großen Schulden. Alles, was wir schuldig sind, schuldig geblieben sind. Uns selber, Menschen, Gott. Gesichter ziehen an mir vorbei. Namen blitzen auf in meinem

Gedächtnis. Worte, die ich besser nicht gesagt hätte. Worte, die ich hätte sagen sollen. Und meine Angst. Mein mangelndes Vertrauen. Ist das nicht die Ur-Schuld? Ich traue Gott nicht. Ich traue ihm nichts zu. Ich traue ihm seine Liebe zu mir nicht zu.

Immer wieder bleibe ich bei dieser Bitte hängen. Lasse ihn reden. Und manchmal redet er. Nein, er macht mir keine Vorwürfe. Er weist mich nicht zurecht, er weist mich hin – auf das, was mich behindert. Was sich zwischen mich und meine Mitmenschen geschoben hat. Zwischen mich und meinen Gott.

„... wie auch wir vergeben unseren Schuldigern ...“

Wir sind da ja verschieden. Die einen fühlen sich immer als Opfer. Die anderen immer als Täter. Für die einen ist die Welt voller Feinde. Für die anderen ist prinzipiell klar: Wenn hier einer Schuld hat, dann ich. Aber alle werden schuldig. Werden auch schuldig an mir. Ich darf die Verletzungen meiner Seele entdecken, aufdecken lassen. Und dann aber auch vergeben.

Das ist immer leichter gesagt als getan. Aber ich weiß auch, dass *ich* es bin, der belastet ist, wenn ich einem anderen nicht vergebe.

Und so überlege ich in der Stille auch immer wieder, wem ich noch zu vergeben habe.

„Und führe uns nicht in Versuchung ...“

Führt Gott überhaupt in Versuchung? Eine aufregende Frage. Doch ich weiß, dass wir in keiner Versuchung allein gelassen sind. Jesus wurde versucht. Und widerstand mit Gottes Hilfe. Er ist in jeder Versuchung an unserer Seite.

Versuchungen – jeder Tag birgt sie in sich. Mal bin ich versucht, Böses mit Bösem zu vergelten. Mal bin ich versucht, eine Wahrheit zurechtzubiegen. Aber die größte von allen Versuchungen ist doch wohl, Gott nicht mehr zu vertrauen. Ihm seine Liebe zu mir nicht mehr zu glauben. Andere Götter und Götterchen an seine Stelle zu setzen.

Aber er allein soll mein Gott sein, mein Vater!

„... sondern erlöse uns von dem Bösen!“

Ja, ja, ja! Immer und immer wieder. Jede Minute meines Tages und irgendwann ganz und gar. Das Böse, das mich entfremdet, sich zwischen mich und Gott schiebt, zwischen mich und meine Mitmenschen. Das Böse, das mich ins Dunkel lockt. Das mir alle Hoffnungen erbarmungslos austreiben will. Das Böse, das sich an die Stelle Gottes setzen will. An die Stelle der Liebe und des Erbarmens und des Lichtes.

„Denn dein ist das Reich und die Kraft
und die Herrlichkeit in Ewigkeit. Amen.“

Was für ein Lobgesang am Schluss! Man darf nie zu lange auf das Böse starren. Oder auf die Schuld. Oder auf die unerfüllten Bedürfnisse. Alles ist er. Alles gehört ihm. Alles kommt auf ihn an. Alles zielt auf ihn, den dreieinigen Gott. Sein ist das Reich, das alle Reiche überdauert. Sein ist die unerschöpfliche Kraft, die ohne Ende in alle unsere Kraftlosigkeiten strömt. Und sein ist die ewige Herrlichkeit, herrlicher als alle Herrlichkeiten dieser Welt zusammen. Es ist eine Herrlichkeit ohne Bedrohung, ohne Ende. Eine Herrlichkeit, die bis in die Ewigkeit reicht.

So vieles drängt sich immer wieder in den Vordergrund.

Dringendes schiebt Wichtiges unbarmherzig an die Seite. Aber wichtig ist nur eins: was ewigen Bestand hat!

Da kann man nichts anderes mehr sagen als „Amen!“ So sei es! So ist es! So soll es bleiben und werden und werden und bleiben.

Ach, das Vaterunser. Es ist das Gebet, das alle meine Gebete in einem Gebet zusammenfasst. Ich leite beinahe jede private Gebetszeit mit dem Vaterunser ein und schließe sie damit ab. Auf diese Weise nehme ich alle Sorgen und Schmerzen und Sehnsüchte in die Zucht dieses einmaligen himmlischen Gebetes.

Ich darf mit Gott reden wie mit meinem Papa. Ich darf ihm alles sagen, was mir auf der Seele brennt. Und natürlich darf ich es so sagen, wie mir der Schnabel gewachsen ist. Aber ich darf und soll all das umrahmen und durchdringen lassen von dem Gebet, das Jesus uns geschenkt hat, als Antwort auf die alte und doch noch immer aktuelle Frage: „Wie sollen, wie können, wie dürfen wir beten?“

Kann man eigentlich beten, kann man still werden ohne das „Vaterunser“? Für mich jedenfalls gibt es keinen angemesseneren Einstieg in die stille Zwiesprache mit Gott und mit meinem Herzen als dieses Gebet.

Wenn die Bibel zum Film wird: Frühstück am See

Gott redet. Er redet durch die Bibel, durch sein Wort.

Ohne die Bibel ist die Stille darum nur selten gefüllte Stille.

Aber wie gehe ich mit der Bibel um? Wie kann ich mich ihr nähern? Wie lasse ich sie so weit an mich herankommen, als würde sie zum ersten Mal zu mir sprechen?

Es ist gut, einen Bibeltext zu lesen, leise oder laut. Noch besser ist es, über einen Bibeltext nachzudenken, allein oder mit anderen. Am besten aber ist es wohl, einen Bibeltext zu „kauen", zu meditieren. Das heißt so viel wie: einen Film in meinem Kopf zu drehen. Vielleicht reicht ein Bibeltext dann ja für eine ganze Woche.

Einen Bibeltext sehen – das ist der Kern aller Exerzitien, also aller geistlichen Übungen, die auf Ignatius von Loyola (1491–1556) zurückgehen, einen der wichtigsten Gründer und Mitgestalter der „Gesellschaft Jesu", die später als Jesuiten bekannt wurde.

Nebenbei: Die mächtigen Kirchenfürsten jener Zeit hatten große Angst, Luther und Ignatius könnten sich jemals begegnen und ihre Bewegungen vereinigen. Denn da gab es manch ähnliche Erkenntnis ...

Kein Wunder, dass auch evangelische Theologen Wert auf den von Ignatius entdeckten, besonderen Umgang mit der Heiligen Schrift legen.

„Meine Herren, Sie können nicht lesen!", warf der bekannte Theologe Adolf Schlatter seinen Studenten gelegentlich vor. Für Schlatter bedeutete „lesen" vor allem „sehen". Sein Kollege Werner de Boor schrieb später in seinem Vorwort zur Erklärung der Briefe des Paulus an die Philipper und an die Kolosser:

„Man kann in manchen lieben, gläubigen Kreisen die Bibel aufschlagen, wo man will: Was da tatsächlich geschrieben steht, interessiert gar nicht und wird gar nicht aufgenommen, sondern man redet rasch wieder von den immer gleichen Wahrheiten, die in diesen Kreisen besondere Geltung haben. Dadurch bleiben wir arm und oft genug auch schief gewachsen und lassen uns die ganze Tiefe des Reichtums entgehen, den Gott in seinem Wort für uns bereitet hat."

In der Stille versuche ich, einen biblischen Text zu „sehen", einen Film vor meinem inneren Auge ablaufen zu lassen.

Haben Sie Lust, es einmal gemeinsam mit mir zu versuchen? Ich habe einen Text aus Johannes 21,1–17 ausgesucht. Lesen Sie sich diesen Text erst einmal in aller Ruhe durch. Vielleicht zwei- oder dreimal. Und dann schauen Sie mit mir den Film.

Es kam noch zu einer weiteren Begegnung Jesu mit seinen Jüngern, dieses Mal jedoch am See Gennesareth. Und dabei ereignete sich Folgendes: Simon Petrus, Thomas mit dem Beinamen Zwilling, Nathanaël aus Kana in Galiläa,

die beiden Zebedäussöhne und noch zwei weitere Jünger waren dort zusammen. Da sagte Petrus kurzerhand: „Ich geh fischen."
Die übrigen waren einverstanden: „Gut, wir gehen mit dir!" Sie kamen zum Ufer des Sees und bestiegen ein Boot. Doch in dieser Nacht fingen sie einfach nichts. Als die Sonne aufging, stand Jesus am Ufer, aber keiner von ihnen erkannte ihn.
Jesus rief zu ihnen hinüber: „Guten Morgen, habt ihr irgendetwas fürs Frühstück gefangen?" Sie antworteten: „Nein." Da schlug er ihnen vor: „Werft einmal das Netz auf der rechten Seite des Bootes aus, vielleicht fangt ihr dann etwas." Sie taten, was der Unbekannte am Ufer ihnen zugerufen hatte. Auf einmal hatten sie eine so große Menge an Fischen in ihrem Netz, dass sie nicht mehr in der Lage waren, das Netz an Bord zu hieven.
Da sagte der Jünger, den Jesus liebte, zu Petrus: „Es ist der Herr."
Kaum hatte Simon Petrus begriffen, dass Jesus dort am Ufer stand, warf er sich ein Obergewand über, das er wie alle anderen für die Arbeit abgelegt hatte. Dann sprang er ins Wasser, denn sie waren höchstens noch vierzig Meter vom Ufer entfernt. Die anderen Jünger folgten ihm mit dem Boot und zogen das Netz mit den Fischen hinter sich her. Als sie aus dem Boot stiegen, sahen sie eine kleine Feuerstelle, in deren Glut gerade zwei Fische und ein Fladenbrot gebacken wurden.
Jesus sagte zu ihnen: „Bringt ein paar von den Fischen her, die ihr gerade gefangen habt!" Da ging Simon Petrus zu den anderen zurück und gemeinsam zogen sie das Netz an Land. Es waren einhundertdreiundfünfzig große Fische!

Und was sie noch mehr wunderte: Trotz der vielen Fische zerriss das Netz nicht.
Jesus rief ihnen zu: „Kommt her, das Frühstück ist fertig."
Nicht einer der Jünger wagte es, ihn zu fragen: „Wer bist du?" Sie wussten, dass es der Herr war.
Dann nahm Jesus das Brot und gab es ihnen. Und das Gleiche tat er mit dem Fisch. Das war nun bereits das dritte Mal, dass Jesus sich seinen Jüngern lebend gezeigt hatte, nachdem er vom Tod auferstanden war.
Nach dem Frühstück fragte Jesus ganz unvermittelt Simon Petrus: „Simon, Sohn des Johannes, liebst du mich mehr als diese hier?"
„Ja, Herr, du weißt, dass ich dich liebe."
Jesus entgegnete darauf: „Weide meine Lämmer."
Dann fragte er ihn ein zweites Mal: „Simon, Sohn des Johannes, liebst du mich?"
„Ja, Herr, du weißt, dass ich dich liebe."
Jesus sagte darauf: „Sei ein Hirte für meine Schafe."
Und dann stellte er ihm ein drittes Mal die Frage: „Simon, Sohn des Johannes, liebst du mich?"
Petrus war betroffen und traurig, dass Jesus ihn ein drittes Mal „Liebst du mich?" gefragt hatte. Zu sehr erinnerten ihn diese drei Male daran, dass er genauso oft geleugnet hatte, Jesus überhaupt zu kennen. Also erwiderte er: „Herr, du weißt alles. Du weißt also auch, dass ich dich liebe." Da entgegnete Jesus: „Weide meine Schafe."

Lukas 21,1–17; WD

Sind Sie bereit für den Film? Es geht los ...

Da sind also die Jünger. Verwirrt. Orientierungslos. Was bleibt? Zurück in den Alltag! An die vertrauten Ufer. Zurück in die Vergangenheit ...

Das Menschenfischen ist vorbei. Jetzt wird das Fischefangen wieder ihre Tage und Nächte bestimmen.

Was hätten sie auch sonst tun sollen?

Doch während sie ihre alten Netze hervorholen und in die abgenutzten Boote wuchten, flackern Bilder durch ihren Kopf: Die erste Begegnung mit dem ungewöhnlichen Rabbi aus Nazareth. Seine menschliche Ausstrahlung. Seine himmlische Autorität. Der Befehl „Fahrt noch einmal hinaus!", der die generationenalten Regeln ihres Berufs auf den Kopf gestellt hat. Der gigantischste Fischzug ihres langen Fischerlebens zieht in ihrer Erinnerung vorüber. Sein „Folgt mir nach!", das keinen Widerspruch zugelassen hat.

Und sie sind ihm gefolgt.

Was auch sonst? Wem hätten sie sonst folgen sollen?

Und nun ist alles vorbei. Er ist fort, in einer anderen Welt, in einem anderen Leben. Er hat sie zurückgelassen. Ratlos, mit verworrenen Gedanken und Gefühlen.

Die drei Jahre mit ihm haben sie von Grund auf verändert. Sie sind nicht mehr dieselben, nicht mehr die, die einst mit ihm aufgebrochen sind. Was haben sie nicht alles gehört, was haben sie nicht alles gesehen! Was haben sie nicht alles erlebt! Tiefste Tiefen, höchste Höhen, die trostloseste Trauer, das größte Glück. Ein Leben zwischen Hölle und Himmel. Zwischen Verzückung und Verzweiflung.

Und nun?

Zurück in den Alltag!

Aber können sie einfach da weitermachen, wo sie vor drei Jahren aufgehört haben? Vor drei Jahren oder vor dreihundert?

Die Handgriffe sind noch vertraut. Aber das alte Leben ist ihnen fremd geworden. Das ist nicht mehr ihr Leben! Die Welt ist ihnen fremd geworden. Das ist nicht mehr ihre Welt!

Aber was soll's! Man wird sich dran gewöhnen. Vielleicht.

Wenn's gut geht.

Aber nichts geht gut.

Das Netz bleibt leer. So oft sie es auch auswerfen, es bleibt leer. Ein bisschen Grünzeug, sonst nichts.

Das kann ja heiter werden ...

Und es wird heiter. Unerwartet herrlich heiter.

Denn auf einmal sehen sie im dämmrigen Morgenlicht eine Gestalt am Ufer. Die fragt, ob sie nichts zu essen haben. Was für eine dumme Frage! Und dann werden sie aufgefordert, es noch einmal zu versuchen. Zu ihrer Rechten! Was für ein dummer Vorschlag! Aber sie tun's. Denn der dumme Vorschlag duldet irgendwie keinen Widerspruch.

Keinen Widerspruch ...

Haben sie nicht schon einmal ...?

Einer merkt es zuerst. Das Netz zieht und zerrt nach unten. Sollten sich auf einmal alle Fische ihres Sees entschlossen haben, in ihr Netz zu flüchten? Aber es ist keine Zeit zum Überlegen. Zupacken müssen sie. Alle Mann. Und plötzlich erleben sie, dass ihr Netz prall gefüllt ist wie niemals zuvor.

Das ist der gigantischste Fischzug ihres langen Fischerlebens.

Aber haben sie nicht schon einmal ...?

Johannes ist der Erste, der zu verstehen beginnt. Die geheimnisvolle Gestalt am Ufer ist er, Jesus. Der Herr! Natürlich! Wer sonst stellt solche Fragen? Wer sonst gibt solche Aufträge? Wieso haben sie nur so lange gebraucht, um ihn zu erkennen?

Johannes versteht. Petrus handelt. Er muss zu ihm. Es drängt ihn. So, wie es ihn immer und immer wieder gedrängt hat, zu ihm zu gehen. Damals am Ufer. Damals auf dem See. Damals im Garten Gethsemane ...

Aber jetzt ist nicht damals. Jetzt ist jetzt! Hurtig anziehen und hinein ins Wasser und ans Ufer und zu ihm!

Dann steht er keuchend vor seinem Herrn. Keuchend und tropfnass. „Bringt mir ein paar von den Fischen, die ihr gefangen habt!", sagt Jesus. Liebevoll und verständnisvoll wie immer. Und Petrus greift hinein in das pralle Netz und hält Jesus die zappelnden Fischleiber entgegen. Darunter viele, die später einmal seinen Namen tragen werden: Petrus-Fische.

Und Jesus macht Frühstück.

Die anderen stehen und starren und staunen. Und fangen an zu zählen. Fisch für Fisch. Von diesem Fang werden noch ihre Enkel erzählen. 153 Fische! Sie hatten nicht einmal geahnt, dass ihr Netz eine solche Menge fassen würde.

Später werden die Gelehrten immer wieder rätseln, was diese geheimnisvolle Zahl bedeutet. Manche werden sagen, dass damals offenbar 153 verschiedene Fischarten bekannt waren und diese Zahl deshalb ein Symbol für das Ganze ist. Ein Zeichen für die ganze Welt und für die ganze Menschheit. Ein Symbol dafür, dass das Netz des Reiches Gottes groß genug ist, um alle darin aufzunehmen. Und ein Symbol dafür, dass Jesus hier eindrucksvoll den ersten Auftrag für Petrus wiederholt: „Du sollst Menschenfischer sein!"

Das ist der Auftrag für Petrus und für die anderen Jünger.

Aber das interessiert sie in diesem Moment wohl gar nicht so sehr. Sie haben Fische gefangen. Und damit zu essen! Sie haben den ersten Unterhalt für ihr neues altes Leben verdient. Nun wird vielleicht doch noch alles gut ...

Aber es kommt noch besser: Sie haben ihn zurück! Ihren Herrn! Ihren Meister! Er ist wieder da! Der Gestorbene und Wiederauferstandene ist zurück in ihrer Welt! Der Lebendige und nie mehr Sterbende! Der Inbegriff des Lebens, des ewigen Lebens, das kein Tod mehr töten kann!

Ja, sie haben Fische gefangen. Aber sie wissen gleich, dass sie Menschen fangen werden. Fangen müssen. Einmal Menschenfischer, immer Menschenfischer. Einmal von Jesus berufen, immer von Jesus berufen. Das neue Leben kennt keinen Rückweg.

Das gilt für alle.

Für alle?

Auch für ihn, für Petrus, den Verleugner?

Jesus nimmt ihn ein wenig später zur Seite. Weil da noch etwas zu klären ist.

Hundertmal schon hat Petrus diese Situation in schlaflosen Nächten durchdacht und durchzittert. Hundertmal an den Sätzen gefeilt, die er sagen will, wenn Jesus ihn fragt.

Doch nun, als es endlich so weit ist, wollen seine Sätze nicht passen. Weil Jesus so gar nicht die erwarteten Fragen stellt.

„Hast du mich lieb, Petrus?“, fragt er. „Liebst du mich mit der unbeschreiblichen Liebe, mit der Gott dich liebt? Liebst du mich mehr als alle anderen mich lieben?“

Und Petrus sagt: „Ja, Herr, ich liebe dich mit aller Liebe, zu der ein Mensch fähig ist. Ich liebe dich als meinen allerbesten Freund!“ Mehr Liebe hat er nicht. Und mehr traut er sich nach den Ereignissen in der Nacht der Verhaftung nicht mehr zu.

Und Jesus fragt ein zweites Mal. Und Petrus antwortet ein zweites Mal. Als Jesus ein drittes Mal fragt, geht er endlich auf die Wortwahl seines Jüngers ein: „Hast du mich lieb wie ein

Freund einen Freund lieb hat?" Und Petrus sagt es zum dritten Mal: „Ich liebe dich wie einen Freund!"

Genügt das?

Ja, es genügt. Für Gott ist Liebe genug. Und Jesus gibt ihm, dem Verleugner, den Hirtenauftrag: „Weide meine Lämmer! Und weide meine Schafe! Sei ein guter Hirte für sie. So wie ich ein guter Hirte für euch war und bin."

Für euch.

Und für uns.

Denn diese Zusage gilt. Und der Auftrag auch. Gilt bis heute. Gilt Verleugnern und Verrätern und Vergesslichen. „Folgt mir nach! Fischt Menschen! Und habt keine Angst, das Netz könnte reißen. Im Himmel ist unendlich viel Platz!"

Alles, was ich tun muss, ist,
mich lieb haben lassen.
Und
ihn lieb haben.

Wenn die Bibel zum Film wird: Die Emmaus-Jünger

Jetzt haben Sie einen ersten Film gesehen. Haben Sie Lust auf einen zweiten? Die Geschichte der Emmaus-Jünger begleitet mich schon seit Jahrzehnten. Und in meinem „Film“ über diesen Text werden jedes Mal neue Varianten und Nuancen sichtbar. Vielleicht lesen Sie auch diesmal den Abschnitt zuerst durch. Er steht in Lukas 24,13–35. Und dann versuchen wir, ihn miteinander zu „sehen“.

Noch am selben Tag gingen zwei von ihnen nach Emmaus, ein Dorf, das etwa zwei Wegstunden von Jerusalem entfernt liegt. Unterwegs unterhielten sie sich über alles, was sich ereignet hatte. Vieles hatte Fragen aufgeworfen, die sie nun durchgingen. Während des Gesprächs gesellte sich Jesus zu ihnen, doch sie erkannten ihn einfach nicht. Er erkundigte sich: „Was beschäftigt euch denn gerade so sehr?“
Sie hielten inne, und man konnte ihnen ansehen, wie verzweifelt und traurig sie waren. Endlich fragte der eine von ihnen, dessen Name Kleopas war: „Bist du der

Einzige in Jerusalem, der noch nichts von dem gehört hat, was sich dort in den vergangenen Tagen ereignet hat?"
Jesus erwiderte: „Was ist denn passiert?"
Endlich konnten sie sich die schrecklichen Ereignisse der vergangenen Tage von der Seele reden: „Die Sache mit Jesus von Nazaret. Er war ein Mann Gottes, ein Prophet, der mit großer Vollmacht lehrte und erstaunliche Taten vollbrachte. Ja, er hat sich vor Gott und dem ganzen Volk als groß erwiesen. Dann haben ihn unsere Hohepriester und Ältesten an die Römer ausgeliefert und setzten durch, dass er zum Tode verurteilt und gekreuzigt wurde.
Und wir hatten doch unsere ganze Hoffnung darauf gesetzt, dass er der Eine sein würde, der Israel befreien könnte. Das war vor drei Tagen. Heute Morgen nun waren wir am Ende unserer Kraft. Einige unserer Frauen waren schon in aller Frühe am Grab, konnten aber seinen Leichnam nicht finden. Sie kamen dann mit der Geschichte zurück, sie hätten eine Vision von Engeln gehabt, die ihnen gesagt hätten, dass er am Leben wäre.
Einige unserer Freunde gingen daraufhin zum Grab, um die Sache zu überprüfen, und fanden es leer vor, genau wie die Frauen gesagt hatten, doch Jesus selbst sahen sie nicht."
Da erwiderte Jesus: „Wie lang dauert es denn noch, bis das, was ihr in den Schriften gelesen habt, von eurem Kopf in euer Herz gelangt?! Warum fällt es euch so schwer, zu erkennen, dass genau das geschehen ist, was die Propheten vorausgesagt haben? Könnt ihr nicht sehen, dass all das geschehen musste? Dass der Messias leiden musste und nur so in seine Herrlichkeit gelangen konnte?" Und dann fing er an, die Heilige Schrift von den Büchern des Mose bis hin zu

den Propheten mit ihnen durchzugehen und die Stellen zu zitieren, die sich auf ihn bezogen.
Inzwischen hatten sie den Ortsrand des Dorfes erreicht, zu dem sie unterwegs waren. Jesus tat so, als wollte er weitergehen. Doch die beiden drängten ihn: „Bleib doch bei uns und iss mit uns zu Abend. Der Tag neigt sich und es wird schon bald dunkel." Da ging er mit ihnen hinein und setzte sich mit ihnen zu Tisch. Und da passierte Folgendes: Jesus nahm das Brot, segnete es, dann brach er es und gab es ihnen. In diesem Moment fiel es ihnen wie Schuppen von den Augen und sie erkannten ihn – doch auf einmal war er verschwunden.
Aufgeregt sprachen sie miteinander: „Waren wir nicht schon die ganze Zeit zutiefst berührt, als er sich mit uns auf dem Weg unterhielt? Vor allem, als er uns die Heilige Schrift erklärte?"
Noch am selben Abend machten sie sich auf den Rück-weg nach Jerusalem. Sie trafen die elf und ihre Freunde, die sich versammelt hatten und nur eines wussten: „Es ist wirklich passiert! Der Herr ist auferstanden – Simon hat ihn gesehen!"
Dann erzählten die beiden ausführlich, was sich auf ihrem Weg nach Emmaus ereignet hatte und wie sie Jesus erkannt hatten, als er das Brot brach.

Lukas 24,13–35; WD

Sie wandern bergab. Immer nur bergab. Zwei Menschen auf dem Weg in die enge, dunkle Schlucht der Verzweiflung. Tief in ihren Knochen steckt die größte Enttäuschung ihres Lebens. Ihr Meister, ihr Herr, ihr Freund wurde verurteilt, gefoltert, gekreuzigt. Und mit ihm alle ihre Hoffnungen. Unvorstellbar! Unfassbar! Er war doch ihr Leben! Aber nun ist er tot. Und sie sind es mit ihm.

Erinnerungen blitzen in ihrer Seele auf. Ein paar Monate zuvor erst waren sie diesen Weg in die andere Richtung gelaufen, bergauf, voller Elan, der Sonne entgegen. Mit Jesus wollten sie ziehen, die Zukunft fest im Blick. Eine helle, hoffnungsfrohe Zukunft.

Und nun? Was ist eigentlich passiert? Das „Hosianna" haben sie noch in den Ohren, aber auch das brutale „Kreuziget ihn!" Innerhalb weniger Tage ist die Zukunft gestorben. Sie verstehen nichts mehr, wollen nur noch nach Hause, zurück in die vertraute Vergangenheit. Auch wenn nichts mehr so sein wird, wie es einmal war.

Der Heimweg ist ein Weg der Ohnmacht und der Resignation. Sie laufen und rutschen immer tiefer ins Tal der Verzweiflung.

Solche Situationen kennen Sie vielleicht. Vielleicht. Aber diese hier ist schlimmer. Viel schlimmer. Wenn ich alle Enttäuschungen meines Lebens zusammennehme, dann ahne ich, wie ihnen zumute gewesen sein muss.

Wie gut, dass sie wenigstens einander haben. Reden befreit. Reden wäscht den Schlamm von der Seele. Denn so wissen sie, dass sie nicht ganz allein in ihrem Schmerz sind. Aber manchmal zieht man einander nur noch tiefer in die Resignation. Redet alles nur noch schlimmer und die Lage ändert sich kein bisschen.

Doch da geht plötzlich ein geheimnisvoller Dritter neben ihnen her. Und auch die Sonne geht auf! Doch ihren Schein können sie nicht sehen, denn ihre Augen und Seelen und Sinne sind vom Dunkel gebannt.

Wer ist dieser geheimnisvolle Mann? Wir wissen es längst. Sie aber sind mit Blindheit geschlagen. Warum erkennen sie ihn nicht? Sie waren doch so lange mit ihm unterwegs! Sehen sie ihn nicht, weil sie jeden, aber nicht ihn erwartet haben? Weil ihre verheulten Augen nicht deutlich und scharf genug sehen können? Weil er derselbe und doch nicht mehr derselbe ist? Tatsächlich liegt eine lange Reise hinter dem Auferstandenen. Die längste Reise, die ein Mensch antreten kann: vom Leben in den Tod und zurück ins Leben.

Zu dritt gehen sie nun ins Tal. Die Sonne ist über ihnen, aber die Jünger bemerken sie nicht. Sie gehen mit dem Gekreuzigten und Auferstandenen an ihrer Seite, aber sie wissen nicht, wer er ist. Sie gehen mit dem, der seit dem Ostermorgen nicht mehr an Raum und Zeit gebunden ist – mit dem, der in der Lage ist, sie nach Emmaus zu begleiten und gleichzeitig in Jerusalem bei den übrigen verängstigten Jüngern zu sein.

Und er ist auch hier. Bei mir. Jesus geht mit in meine Täler. Er hält sich nicht raus. Er geht mit in die Enttäuschungen und Verletzungen meines Lebens. Er geht mit in meinen Tod. Ob ich es spüre oder nicht. Ob ich ihn erkenne oder nicht.

Aber auf Dauer will er nicht unerkannt bleiben. Damit Trost und Leben ins Leben ziehen können. Darum fragt er, was los ist. Obwohl er's weiß. Wir sollen sagen, was wir denken, fühlen. Sollen unseren Schmerz ans Licht lassen. Ans Licht der Liebe Gottes und seiner Barmherzigkeit. Und alles wird anders!

Den beiden Jüngern erklärt er die Hintergründe des Geschehens. Das tut er nicht immer. Aber wenn's um ihn geht, muss er's wohl tun. Wenn ich verstehen will, wer Jesus ist, was er will und was er tut, muss ich mir das schon von ihm selbst erklären lassen.

Ganz nahe ist er ihnen gekommen, der geheimnisvolle Dritte. So nah, dass sie sich nicht mehr vorstellen können, ohne ihn in die Nacht zu gehen. Und sie bitten ihn: „Herr, bleibe bei uns, denn es will Abend werden!" Obwohl es längst Abend ist in ihrer Seele. Doch aus Erinnerung wird allmählich Hoffnung.

Endlich, als er das Brot bricht, erkennen sie ihn. Und ihr Blick schnellt in die Höhe. Sie entdecken die strahlende Sonne über ihren Köpfen.

Und dann – sind sie wieder allein. Aber alles ist anders geworden. Jesus lebt! Das Leben lebt! Die Hoffnung lebt! Jetzt hält sie nichts mehr im Tal. Auch wenn's dunkel ist – sie machen sich auf den Rückweg. Sie wollen zurück zu den verängstigten Jüngern. Es geht bergauf. Endlich geht es wieder bergauf. Denn Jesus lebt! In sich gekrümmt und in Selbstmitleid gefangen waren sie ins Tal gewandert. Aufgerichtet, lachend und übersprudelnd vor Glück nehmen sie nun die anderen in den Blick.

Jesus lebt. Das muss unter die Leute!

Und die Sonne geht auf über unseren Gräbern. Der Tag besiegt die Nacht. Und wir wissen wieder: Der Tod ist besiegt. Auf ewig besiegt! Er hat nicht mehr das letzte Wort über unser Leben und über diese Welt. Die Finsternis ist in die Ecke getrieben, ins Abseits gestellt. Und ich werde zum Boten der Hoffnung und des Lebens.

Wer's mit Gott zu tun bekommt, muss zweimal hinschauen. Unsere Wirklichkeit ist nicht die ganze Wirklichkeit. Seine Wirklichkeit ist wirklicher als unsere. Und seine Wirklichkeit heißt: Jesus lebt!

Wie ist es Ihnen ergangen beim „Film"-Schauen? Sind Sie neugierig geworden auf diese Art des Bibellesens?

Gott redet durch sein Wort. Alles, was ich tun muss, ist, still zu werden und ihn ganz nah an mich ranzulassen.

Gott hören

Sie heißt Inge, kommt aus Finnland, ist Reiseführerin in Kairo – und sie jodelt. So geht ihr auch im wilden Gewimmel des ägyptischen Museums kaum ein Reiseteilnehmer verloren. Gejodelt wird dort nämlich ausgesprochen selten.

Inge fiel mir ein, als ich las, was Jesus über Hirten und Schafe sagt:

„Wenn der Hirte alle seine Schafe hinausgelassen hat, geht er vor ihnen her, und die Schafe folgen ihm nach, denn sie kennen seine Stimme." (Johannes 10,4).

Was hier beschrieben wird, ist mehr als eine Reisegruppe, es ist eine Lebens- und Dienstgemeinschaft, eine Vertrauensgemeinschaft.

Und was in Kairo gilt, gilt erst recht im täglichen Leben. Die Frage ist allerdings, ob ich die Stimme meines Hirten kenne. Ob ich sie heraushöre aus den Hunderten von Stimmen, die Tag für Tag meine Aufmerksamkeit beanspruchen.

Schafe haben diese Fähigkeit, habe ich mir sagen lassen. Sie laufen nicht einfach irgendjemandem hinterher. Sie kennen genau die Stimme ihres Hirten.

Kenne ich sie auch? Kann ich die Stimme Gottes von der Stimme meiner eigenen Wünsche und Träume unterscheiden? Vielleicht ist das Übungssache. Ein Schaf folgt ja nur deswegen seinem Hirten, weil es diesen Menschen besser kennt als alle anderen. Weil ihm seine Stimme vertraut ist.

In der Zeit der Nazidiktatur vermisste ein Bauer aus dem Marburger Land morgens seine Schafherde. Sie war offenbar gestohlen worden. Ein Bekannter, den er verzweifelt um Rat fragte, sagte: „Die findest du garantiert im Schlachthof." Also machte sich der Bauer sofort dorthin auf. Als er ankam, erstarrte er. Nicht ein paar, nein hunderte Schafe drängten sich in einem engen Hof. Wie sollte er da je seine Schafe finden können?

Doch er wusste Rat. Er rief eines nach dem anderen mit Namen. Und eines nach dem anderen löste sich aus der wild zusammengewürfelten Herde. Seine Schafe kannten seine Stimme. Und sie konnten sie von allen anderen Stimmen unterscheiden.

Es ist Erfahrungssache. Übungssache.

Wie mein Umgang mit Gott. Je besser ich ihn kennenlerne, desto öfter bin ich bereit, auf ihn zu hören. Je aufmerksamer ich lausche, je ehrlicher ich nach seinem Willen frage, desto vertrauter wird er mir, desto besser kann ich ihn von anderen „Hirten" unterscheiden.

Und wie höre ich ihn? Wohl eher selten so wie die Nachrichtensprecherin in der Tagesschau. Es sei denn, es geht um eine außergewöhnliche Berufung.

Da schläft der junge Samuel, als ihn eine Stimme so laut und vernehmbar weckt, dass er denkt, es ist sein Lehrer, der Priester Eli. Doch es ist Gott. Da wirft der auferstandene Christus den Christenverfolger Saulus vom Pferd und stellt sich als

„Christus, den du verfolgst“ vor. Und beruft ihn zum wichtigsten christlichen Theologen der Weltgeschichte.

Doch meist redet Gott anders. Leiser. Durch ein Wort aus seinem Wort, der Bibel. Unzählige Menschen können berichten, wie sich ein steinaltes Bibelwort für sie plötzlich in eine hochaktuelle und höchstpersönliche Anrede Gottes verwandelt hat. Hörer und Zuschauer des ERF schreiben immer wieder: „Plötzlich redete da kein Redakteur mehr zu mir, sondern Gott selbst.“ Gott redet durch Predigten. Durch Hinweise von Menschen, denen ich wichtig bin. Er redet durch Lieder.

Als ich einmal zusammengekauert in „meiner“ Kapelle in Gnadenthal saß und kaum noch wagte, meinem himmlischen Vater in die Augen zu blicken, erklang in mir plötzlich das Jochen-Klepper-Lied: „Wer schuldig ist auf Erden, verhüll nicht mehr sein Haupt, er soll gerettet werden, wenn er dem Kinde glaubt.“

Und immer wieder schreiben mir Menschen, Gott habe durch mein Lied „Du bist Du“ Selbst- und Gottvertrauen in ihr Leben geschickt.

Manchmal redet Gott auch durch Träume. Bei Josef zum Beispiel. Und manchmal durch Erinnerungen. Auf einmal stehen alte Bilder vor meiner Seele und fordern mich zum Handeln heraus.

Aber Vorsicht! Nicht jede Erinnerung kommt von Gott. Zuweilen zerrt der Teufel längst vergebene Schuld in mein Bewusstsein. Dem darf und muss ich widerstehen. Getreu dem kecken Satz: Wenn dich der Teufel an deine Vergangenheit erinnert, erinnere ihn an seine Zukunft.

Auch nicht jeder Traum kommt von Gott. Josef träumte alle Traummotive zweimal. Und ahnte so: Darin steckt eine Botschaft von Gott. Ich brauche Übung, damit ich die flackernden Blitze meiner Erinnerungen und Sehnsüchte und Ängste von den Bildern unterscheiden lerne, die Gott in meine Träume sendet. Und ich brauche erfahrene Christenmenschen, Ratgeber und Seelsorger, mit denen ich darüber sprechen kann. Und vor allem brauche ich Gottes Wort. Gott widerspricht sich nicht. Wenn er redet, steht das nie im Widerspruch zur Bibel.

Er jodelt nicht. Er ruft nicht laut und für alle vernehmbar. Leider. Aber er redet. Manchmal flüstert er auch nur. Und ich kann ihn hören – wenn ich die Ohren meines Herzens an seine Stimme gewöhnt habe.

Wenn Gott schweigt

Diese Szene aus dem Film „Franziskus" mit Mickey Rourke in der Hauptrolle werde ich so schnell nicht vergessen: Da schleppt sich der verzweifelte Franz von Assisi durch die umbrischen Wälder und schreit zum Himmel: „Sprich wieder mit mir, Gott!" Aber Gott schweigt und schweigt und schweigt lange.

Und redet schließlich doch.

Der schweigende Gott ist die vielleicht mächtigste Herausforderung, die vielleicht tiefste Anfechtung für einen gläubigen Menschen. Denn so kennt er seinen Herrn eigentlich nicht. So geht er ja auch eigentlich nicht mit ihm um. Immer wieder hat er es von anderen gehört und auch selber erfahren: Gott redet. Und er redet keine leeren Worte. Wenn Gott redet, passiert etwas.

Schon bei der Schöpfung hat er gesprochen. „Und Gott sprach: Es werde Licht. Und es ward Licht!" Und später hat er zu Mose, Abraham und den Propheten gesprochen. „Und Gott sprach zu Abram: In dir sollen gesegnet werden alle Geschlechter auf Erden." Und schließlich bekommt sein Wort buchstäblich Hand und Fuß, wird ein Mensch: Jesus Christus. „Und das Wort ward Fleisch und wohnte unter uns ..."

Gott hat geredet und er redet immer noch. Zu den anderen. Warum spricht er nicht mit mir? Warum schweigt er?

Vielleicht aber schweigt Gott ja gar nicht. Vielleicht ist sein Wort längst unterwegs in dieser Welt und in meinem Leben. Vielleicht ist es nur noch nicht bei mir angekommen. Vielleicht verstopft Schuld meine Ohren. Vielleicht hab ich auch bisher nur noch nicht richtig hingehört. Weil die Worte um mich herum und in mir viel zu viel Radau machen. Denn laut redet Gott ja nicht.

Das hat bereits der alte Prophet Elia in seiner Höhle am Berg Horeb erfahren. Gott spricht nicht im Wind, nicht im Erdbeben, nicht im Sturm, nicht im Feuer. Er spricht in einem „leisen, sanften Sausen". In einem „verschwebenden Schweigen". So hat das der jüdische Gelehrte Martin Buber übersetzt.

Gott hat geredet. Und er hat nicht aufgehört zu reden. Sein Wort ist längst da. Worauf warte ich eigentlich? Wir haben ein ganzes dickes Buch, das vollgepackt ist mit seinen Worten, seinen Gedanken über das Leben und die Welt. Ein Buch, das voll ist mit seinem Schmerz über die Gottvergessenheit der Menschen. Aber vor allem voll mit seiner Liebe und Barmherzigkeit. Vollgepackt mit Christus. Mit ihm ist Gott aus seiner Unsichtbarkeit herausgetreten. Mit ihm ist das Wort „Fleisch" geworden. Dieses Wort gilt der Welt, allen Menschen. Aber eben auch mir. Und sein Geist übersetzt es in meine Wirklichkeit. So wird es „mein" Wort.

Manche Bibelverse sind geradezu meine persönlichen Lebensabschnittspartner geworden. Sind in einer bestimmten Lebensphase heiß ersehnt oder keck und unerwartet in mein Leben gesprungen, begleiten mich eine Weile durch alle Sonnen- und Regentage und machen dann vielleicht wieder anderen Versen Platz.

Dieser Vers ist es zurzeit:

„Er wird deinen Fuß nicht gleiten lassen, und der dich behütet, schläft nicht“ (Psalm 121,3).

Ein Freund hat ihn mir aufs Handy gesimst, als ich in tiefen Selbstzweifeln feststeckte. Ich war vorgeschlagen worden, als Nachfolger von Peter Strauch Vorsitzender der Deutschen Evangelischen Allianz zu werden und wusste nicht, ob ich mich wählen lassen sollte. Würde ich das schaffen? Würde ich das können? War das nicht mindestens eine Schuhnummer zu groß?

Und dann dieser Vers. Per SMS.

Nach der Wahl grüßte mich Bischof Wolfgang Huber, der Ratsvorsitzende der Evangelischen Kirche in Deutschland, per Brief mit genau diesem Vers. Zufall?

Und ein paar Wochen später, in einer Zeit des erneuten Zweifelns und Verzagens, hörte ich ihn auf geradezu merkwürdige Weise während einer CD-Produktion. Die Band „Allee der Kosmonauten“ hatte dazu einige Sänger- und Liedermacher-Oldies ins ERF-Studio eingeladen. Und auch mich. Jeder sang ein, zwei Zeilen. Am Schluss sollte Ulrich Parzany einen Psalm zu der ausklingenden Musik lesen. Ein erster Versuch war bereits aufgenommen. Und ich traute meinen Ohren nicht, als ich plötzlich im Kopfhörer „meinen“ Psalm 121 hörte. Vers 3 inklusive! Vorgesehen war eigentlich der Psalm 23. Aber da war es wieder, klar und deutlich und offenbar nur für mich: „Er wird deinen Fuß nicht gleiten lassen.“

Als ich später zum ersten Mal die fertige CD hörte, war der 121. Psalm wieder gegen den 23. Psalm eingetauscht. Aber ich weiß es nun und ich will es mir merken: Er wird meinen Fuß nicht gleiten lassen. Was wirklich wichtig ist, muss Gott offensichtlich dreimal sagen. Wenigstens mir.

Nein, Gott schweigt nicht. Manchmal muss ich allerdings warten. Weil ich Zeit brauche, seine Worte zu verstehen.

Und wenn die Schwalben nicht mehr fliegen

Und wenn die Schwalben nicht mehr fliegen
Und wenn die Züge nicht mehr fahrn
Wenn Tanker tot im Hafen liegen
Und nur Erinnerung bewahrn
Und wenn die Dichter nichts mehr schreiben
Und wenn die Maler nichts mehr sehn
Wenn ihre Bilder Leinwand bleiben
Und leere Seiten Schlange stehn

Dann trittst du manchmal ein, willst zu Gast bei mir sein
Nimmst mir ab, was ich trag, du machst Licht, es wird Tag
Als trät' ich bei dir ein, darf zu Gast bei dir sein
Ich leg ab, was ich trag. Es wird hell. Es ist Tag

Und wenn Gebete nur noch leiern
Und wenn die Bibel eisern schweigt
Wenn Stolz und Zweifel Hochzeit feiern
Und keine Zuversicht sich zeigt
Und wenn die Lieder nicht mehr klingen
Die Angst das Notenblatt versteckt
Wenn alles schweigt, anstatt zu singen
Wenn Zorn die eignen Wunden leckt

Und wenn es einfach nicht mehr läutet
Und wenn kein Brief im Kasten liegt
Wenn beinah nichts mehr was bedeutet
Und nichts die Einsamkeit besiegt
Und wenn die Füße nicht mehr tragen
Und wenn die Augen kaum noch sehn

Wenn spröde Lippen nichts mehr sagen
Und taube Ohren nichts verstehn

Dann trittst du manchmal ein, willst zu Gast bei mir sein
Nimmst mir ab, was ich trag, du machst Licht, es wird Tag
Als trät‘ ich bei dir ein, darf zu Gast bei dir sein
Ich leg ab, was ich trag. Es wird hell. Es ist Tag

Die Mitte aller Stille ist das Kreuz

Wer dem Vater begegnen möchte, begegnet unweigerlich dem Sohn. Seinem Kreuz und seiner Auferstehung. Und damit dem Geheimnis vollkommener Liebe, vollkommener Vergebung, vollkommener Erlösung.

Das Kreuz ist die Mitte aller Stille.

Ohne Kreuz verlaufen und verlieren wir uns an den unüberschaubaren Kreuzungen unserer Gedanken und Gefühle. Am Kreuz gestattet mir Gott einen Blick in sein Vaterherz. Hier offenbart er, wer er ist: der Gott für uns.

Das will ich mit allen Sinnen erfassen. Das soll mein Herz und Hirn ausfüllen, einmal und immer wieder und wieder neu. Ich kann mir darum keinen Raum der Stille vorstellen, der nicht auf das Kreuz ausgerichtet ist. Hier finde ich Gottes Herz. Hier entdecke ich seine Barmherzigkeit. Hier ist alles zum Ziel gekommen. Hier komme auch ich immer wieder zum Ziel. Denn hier ist alles vollbracht.

„Es ist vollbracht!“ Dieses letzte Wort, das Jesus am Kreuz gestöhnt und geschrien hat, wird nur vom Jünger Johannes überliefert. Er war einer der beiden letzten Getreuen unter dem Kreuz. Immer wieder sind diese Worte neu übersetzt und übertragen worden. Aber schöner, treffender, ausdrucksstärker als Luther kann man's wohl nicht sagen.

Das Ziel ist erreicht. Es ist erledigt. Es ist geschafft. Es ist vollendet. Es ist alles getan. Es ist vollbracht!

Die anderen Jünger Jesu berichten nur von einem Schrei. Aber sie haben diese Worte ja auch nicht verstehen können. Sie standen in sicherer Entfernung ...

„Es ist vollbracht!" Jesus hat alles richtig gemacht, ja, vollkommen gemacht. Niemand kann oder muss dem je irgendetwas hinzufügen. Es ist das vollkommene Ende einer vollkommenen Mission: Der Schuldlose stirbt für die Schuldigen.

Am Kreuz begegne ich der bedingungslosen Liebe Gottes.

Unsere Liebe speist sich fast immer aus dem Gegenüber. Wenn Liebe nicht erwidert wird, ist irgendwann Schluss. Gottes Liebe aber speist sich aus ihm selbst, aus seinem Herzen. Martin Luther hat das einmal so wunderbar formuliert: „Gott ist ein Backofen voller Liebe!"

In diese Liebe will ich mich fallen lassen. Und dann erfahre ich neu: Aus dieser Liebe kann ich niemals herausfallen. Es ist alles getan. Ein für alle Mal.

Ich begegne am Kreuz auch der bedingungslosen Vergebung.

Wir vergeben, solange es gut geht. Und irgendwann zerren wir auch noch so alte und scheinbar vergebene Geschichten wieder ans Tageslicht. Bei Gott ist das anders. Er holt die alten Geschichten nicht wieder hervor. Wenn Gott vergibt, vergibt er auf ewig. Ein amerikanischer Freund hat mir einmal gesagt: „Wenn du zu Gott kommst und sagst: Verzeih, es ist mir schon wieder passiert, sagt er: Was meinst du mit ‚schon wieder'?"

Die Rechnung meiner Schuld ist beglichen. Bezahlt! In alle Ewigkeit bezahlt!

Der folgende Text wird Martin Luther zugeschrieben. Ich finde ihn zum Weinen schön.

Mein Glaube

Mir ist es bisher wegen angeborener Bosheit und Schwachheit unmöglich gewesen, den Forderungen Gottes zu genügen. Wenn ich nicht glauben darf, dass Gott mir um Christi willen dies täglich beweinte Zurückbleiben vergebe, so ist's aus mit mir. Ich muss verzweifeln.
Aber das lass ich bleiben. Wie Judas an den Baum mich hängen, das tu ich nicht. Ich hänge mich an den Hals oder Fuß Christi wie die Sünderin. Ob ich auch noch schlechter bin als diese, ich halte meinen Herrn fest.
Dann spricht er zum Vater: Dies Anhängsel muss auch durch. Es hat zwar nichts gehalten und alle deine Gebote übertreten, Vater, aber er hängt sich an mich. Was will's! Ich starb auch für ihn. Lass ihn durchschlupfen.

Das soll mein Glaube sein!

Das Kreuz ist die Mitte aller Stille. Das Kreuz ist die Mitte des Glaubens. Das Kreuz ist die Mitte des Lebens.

So komm ich zu dir

Da bin ich: verschwitzt und verbogen
Verdreckt und verschreckt und verheult
Ausgebrannt, leer und betrogen
Die Seele zerschrammt und verbeult

So komm ich zu dir, komm ich zu dir
So komm ich zu dir, guter Gott, guter Vater, mein Freund

Bin rastlos und ratlos und müde
Die Hoffnung verspielt und vergeigt
Tschüss und Ade, Seelenfriede
Was in mir gesungen hat, schweigt

So komm ich zu dir, komm ich zu dir
So komm ich zu dir, guter Gott, guter Vater, mein Freund

Mit offenen Augen und Ohren
Wie einer, der wirklich versteht
Zum Helfen und Heilen geboren
Der eine, der nie wieder geht

So kommst du zu mir, kommst du zu mir
So kommst du zu mir, guter Gott, lieber Jesus, mein Freund

Zurück in den Alltag

Auf dem Berg der Verklärung wären sie gerne geblieben. Dem Himmel so nah. Doch die Erde wartete auf sie. Und damit höchst irdische Probleme und höchst irdische Menschen. Niemand war wie sie auf dem Berg der Verklärung gewesen. Niemand würde verstehen können, was sie erlebt hatten. Niemandem würden sie es je erzählen können.

„Herr, lass uns Hütten bauen!" Wie gut ich die Jünger verstehe!

Ein katholischer Priester erzählte mir einmal, dass er eben von vierwöchigen Exerzitien zurückgekommen sei. Vier Wochen Schweigen. Vier Wochen Beten. Vier Wochen Himmel. Wenigstens beinahe. „Wenn ich ehrlich bin – ich bin nicht gern zurückgekommen", gestand er mir.

Vielleicht ist alles schriller und greller, wenn man gerade aus der Stille kommt. Vielleicht erscheint einem vieles so viel belangloser als vorher. Als ich einmal von einer dreimonatigen Auszeit zurück ins Büro gekommen bin, erinnerten mich viele Kollegen – pardon! – an Hähne und Hühner in einem Hühnerhof. Alle eifrig beim Scharren und Picken. Am liebsten hätte ich sie immer wieder angestupst: „He! Schau mal hoch! Da oben scheint die Sonne!"

Und bald war ich auch wieder so ein pickender und scharrender Hahn ...

Zurückkommen ist nicht leicht. Zuweilen überfällt mich der Alltag wie ein Räuber bei Nacht.

Den Jüngern damals ist es kaum besser ergangen. Oben, auf dem Berg, hatten sie Gottes Herrlichkeit gesehen und gespürt. Nun, wieder zurück im Tal, überfallen sie alle Probleme der Mühseligen und Beladenen auf einmal. Zumindest kommt ihnen das so vor.

Manchmal stelle ich mich auf die Probleme ein: Pass auf! Du wirst garantiert in einen höchst unappetitlichen Konflikt geraten. Mit höchst unappetitlichen Fragen konfrontiert werden. Vielleicht wirst du schon nach wenigen Stunden fürchten, die Früchte der Stille seien dir komplett abhanden gekommen. Manchmal hilft eine solche Einstellung. Ich erschrecke dann nicht mehr so sehr.

Ich weiß, dass solche Erfahrungen auch Anfechtungen des Teufels sind. Seine Freude hält sich natürlich in Grenzen, wenn ich Stunden und Tage in der Nähe Gottes zubringe. Aber ich weiß auch, dass er mir nicht wegnehmen kann, was Gott mir in dieser Zeit geschenkt hat. Er kann versuchen, es mir aus den Händen und aus der Seele zu reißen. Aber meine Hände sind stärker, weil sie von den Händen des Gekreuzigten umschlossen sind.

Gottesdienste in Gnadenthal enden meist mit der Zusage: „Und wohin wir gehen, dahin kommt jetzt auch der Herr!"

Die Jünger damals mussten nicht allein vom Berg der Verklärung klettern. Jesus war bei ihnen. Wie er bei uns ist, wenn wir zurück stolpern in unseren Alltag. Immer wieder.

Wenn du schweigst, Herr, will ich schweigen

Wenn du schweigst, Herr, will ich schweigen
Ich will reden, wenn du sprichst

Ich will nicht mit den Wölfen heulen
Nicht sagen, was man halt so sagt
Will, was du sagen würdest, teilen
Und schweigen, wenn man dich nicht fragt

Ich will nicht mit der Masse klagen
Nicht herziehn über Freund und Feind
Will Worte des Erbarmens sagen
Damit das Licht im Dunkel scheint

Ich will nicht mit der Mehrheit schweigen
Nicht weghörn, wenn ein andrer schreit
Ich möchte deine Liebe zeigen
Mit Worten aus der Ewigkeit

Wenn du schweigst, Herr, will ich schweigen
Ich will reden, wenn du sprichst

Stille im Alltag leben

Was macht man, wenn man einen bedeutenden Menschen nicht vergessen will? Man baut ihm ein Denkmal. Ein Denk-Mal.

Was macht man, wenn man Gott nicht vergessen will? Das Gleiche. Oft erzählen die Bücher des Alten Testaments, dass Menschen Gott solch ein Denkmal errichtet haben. Manchmal waren es nicht mehr als ein paar aufeinandergeschichtete Steine. Ein Denkmal für Gott? Nein, wohl eher für die Menschen. Als Erinnerungsstütze. Denk mal: Hier hast du Gottes Güte erfahren.

Die jüdische Kultur ist ganz von solchen Denkmälern durchzogen. So findet man an fast jeder Eingangstür bis heute die Mesusa (wörtlich: Türpfosten), eine oft kunstvoll gestaltete Kapsel, die auf einem kleinen Papier einige Verse aus dem Glaubensbekenntnis Israels enthält: „Höre, Israel ...!" So legen die Juden Gottes Aufforderung aus, die im Alten Testament so formuliert ist: „Du sollst die Worte, die ich dir heute sage, schreiben an die Pfosten deines Hauses und an deine Türe" (5. Moses 6,9 und 11,20). Bei jedem Betreten und bei jedem

Verlassen der Wohnung erinnern sie so an den einen Gott. Und an seine All-Gegenwart.

Ein Denk-Mal mitten im Alltag.

Der berühmte China-Missionar Hudson Taylor hat in jeder kleinen Wohnung, die er im Laufe seines Lebens bezog, eine Tafel aufgestellt, auf der folgende vier hebräische Wörter standen: „Eben Ezer, Jahwe Jireh". Das waren jeweils zwei Wörter aus zwei alttestamentlichen Geschichten, die übersetzt bedeuten: Gott hat geholfen. Und er sieht und wird auch weiter helfen!

Die Sängerin Cae Gauntt erzählte mir einmal, sie habe in ihrem Garten einen kleinen „Eben-Ezer-Hügel" aufgeschichtet. „Jedes Mal, wenn ich eine besondere Erfahrung mit Gott mache, lege ich einen neuen Stein darauf." So erinnert der Hügel bei jedem Blick in den Garten an das, was Gott getan hat. Und fordert zu einem kleinen Dankgebet auf.

Zeichen. Erinnerungs-Zeichen. Gebets-Zeichen.

Das Läuten der Glocken vom nahen Kirchturm gehört auch dazu. Es zeigt ja nicht nur an, was die Stunde geschlagen hat. Es will mich zum Gebet einladen. Glocken sind Botschafter. Sie laden ein zum Gottesdienst. Sie sagen uns, wann Mittag ist. Sie verkünden, wann das Vaterunser gebetet wird. Sie machen in der Gemeinde bekannt, dass gerade ein Mensch seinen letzten irdischen Weg gegangen ist. Und sie laden an den Eckpunkten des Tages zu einem stillen Gebet ein. Am Morgen, am Mittag, zum Feierabend.

Im Kirchenamt der EKD in Hannover läutet jeden Mittag um 12 eine Glocke. Dann werden manche Sitzungen unterbrochen. Für eine kleine Andacht. Für die Losung des Tages. Für ein Lied oder ein Gebet.

Immer wieder, wenn ich die Glocken höre, spreche ich auch

ein kleines Gebet. Ein einfaches „Ich danke dir, dass du da bist, lieber Herr!“ ist oft schon genug.

Zeichen.

Auch die Feiertage im Kirchenjahr sind Zeichen, die uns an die entscheidenden Ereignisse in Gottes Geschichte mit uns Menschen erinnern. Wir haben den Sonntag. Wir haben Kreuze an manchem Wegesrand und in vielen öffentlichen Gebäuden.

Aber es gibt auch unscheinbarere Zeichen. Einem Bekannten sagte ich einmal, dass ich mich immer ein bisschen ärgere, wenn eine Ampel vor mir gerade auf Rot springt. „Warum?“, fragte er lächelnd. „Für mich ist das immer eine Gelegenheit für ein kurzes Gebet. Oder ich versuche noch einmal, mich an die Losung des Tages zu erinnern.“

Es hilft, solche persönlichen Zeichen zu setzen. Um Gott nicht zu verlieren. Um zurückzufinden in seine Gegenwart. Um stille Momente im lauten Alltag zu genießen. Denn jeder noch so kleine Gedanke an Gott rückt die Verhältnisse in meiner Umgebung wieder zurecht, verändert die Prioritäten.

Wenn wir also an Gott denken, dann können wir gewiss sein, dass er ständig an uns denkt. Ohne Pause. Das hebräische Wort für dieses Denken heißt „sakar“. Es bedeutet auch: Gott wendet sich uns zu. Das gilt nun umgekehrt auch für uns. Unsere Gedanken ziehen die Seele mit in seine Gegenwart. Und was ist die Seele anderes als die Mitte meines Wesens!

„Lobe den Herrn, meine Seele, und was in mir ist, seinen heiligen Namen! Lobe den Herrn, meine Seele, und vergiss nicht, was er dir Gutes getan hat!“ So beginnt der herrliche Psalm 103.

An Gott denken heißt: sich erinnern, sich ihm zuwenden, himmlische Luft schnuppern. Und dann den Himmel ins eigene Leben locken. Und auf die Erde. Unsichtbar, aber wirkungsvoll.

Wenn wir an Gott denken, bekommt unser Tag ein anderes Gesicht. Und der Tag der Menschen, denen wir begegnen, auch.

Und wenn ich keine Worte finde?

Ich bin so dankbar für die Gebete, die Christenmenschen lange vor mir formuliert haben. Die helfen auch in den Zeiten, in denen eigene Formulierungen kaum über meine Lippen wollen. Dann schlüpfe ich in diese alten Gebete wie in einen wärmenden Mantel.

Etwa in dieses, es stammt von Bischof Basilius von Caesarea aus dem 4. Jahrhundert:

„Du Heiliger Geist des lebendigen Gottes, durch den Glauben darf ich jetzt dankbar erkennen, dass du in mir gegenwärtig bist, in der Tiefe meines Wesens, tiefer als alle meine Gedanken, tiefer als alle meine Gefühle, tiefer als mein Wille hast du Wohnung genommen. Ich preise dich. Ich bete dich an. Ich liebe dich. Ich danke dir, dass du dich so tief herabgelassen und meinen Leib zu deiner Herberge gemacht hast. Ja, dass du ihn deinen Tempel nennst. Vor allem danke ich dir, dass du mir den Herrn Jesus Christus, meinen Heiland, geoffenbart hast und mir alle Segnungen seines Sühnetodes zugeeignet hast. Ich möchte mich nun

für diesen neuen Tag deinem Vorhaben mit mir und deiner Führung ganz und gar ausliefern. Leite mich und bereite mich auf jegliche Gelegenheit vor, deine mächtige Kraft zu erfahren. Lege mir heute mein Kreuz auf und gib mir eine besondere Möglichkeit, meinem Ich abzusagen und abzusterben, damit Jesus Christus in mir leben kann. Lass mich ein Kanal der Liebe und der Heilung, der Kraft und des Segens für jeden werden, den du mir heute in den Weg stellst und begegnen lässt. Das alles, o Heiliger Geist, geschehe, damit unser liebender Vater im Himmel verherrlicht werde und heute an mir sein Wohlgefallen habe. Amen."

Wie gut, dass ich nicht der erste Christ auf diesem Globus bin, dass andere vor mir geglaubt und gebetet haben. Dass ich von ihnen lernen darf. Auch wenn manches auf den ersten Eindruck fremd klingt.

Solche Gebete kann ich mir auf den Schreibtisch legen oder an die Pinnwand heften. Ich kann sie in meine Bibel stecken. So helfen sie mir, inmitten eines hektischen Arbeitstags einen Moment innezuhalten und zu beten. Und ich entdecke dann: Fünf Minuten Stille sind nie verlorene Zeit.

Ein Freund erzählte mir neulich, wie er seinen Alltag immer wieder durch solche kleine Gebetseinheiten unterbricht. „Und manchmal bekomme ich anschließend in zwei Stunden so viel geschafft wie sonst in vier!"

Auch dieses Gebet des Schweizer Einsiedlers Nikolaus von Flüe (1417–1487) zieht mich zuweilen in ein tiefes Nachdenken vor Gott:

„Mein Herr und mein Gott, nimm alles von mir, was mich hindert zu dir. Mein Herr und mein Gott, gib alles mir, was mich fördert zu dir! Mein Herr und mein Gott, nimm mich mir und gib mich ganz zu eigen dir!"

Ich mag auch dieses Gebet von Martin Luther:

„Siehe, Herr,
ich bin ein leeres Gefäß,
das bedarf sehr,
dass man es fülle.

Mein Herr, fülle es,
ich bin schwach im Glauben;
stärke mich,
ich bin kalt in der Liebe.

Wärme mich und mache mich heiß,
dass meine Liebe herausfließe
auf meinen Nächsten.

Ich habe keinen festen, starken Glauben,
und zweifle zuzeiten
und kann dir nicht völlig vertrauen.

Ach Herr, hilf mir,
mehre mir den Glauben und das Vertrauen.
Alles, was ich habe,
ist in dir beschlossen.

Ich bin arm,
du bist reich
und bist gekommen,
dich der Armen zu erbarmen.

Ich bin ein Sünder,
du bist gerecht.
Hier bei mir ist die Krankheit der Sünde,
in dir aber ist die Fülle der Gerechtigkeit.

Darum bleibe ich bei dir,
dir muss ich nicht geben;
von dir kann ich nehmen."

Es ist eine der wichtigsten Entdeckungen der Kirchengeschichte, dass wir Gott mit unseren eigenen Worten sagen können, was wir auf dem Herzen haben. Aber wir sollten darüber nicht vergessen, dass es großartige Texte gibt, die uns in einer plötzlichen Sprachlosigkeit weiterhelfen. Und die wir – auch das ist ein wichtiger Aspekt – gemeinsam mit anderen sprechen können. Gebetsgemeinschaft heißt ja nicht nur, dass einer nach dem anderen mit eigenen Worten betet und wir jedes Gebet mit einem gemeinsamen Amen abschließen. Gebetsgemeinschaft kann ja auch heißen, dass wir miteinander dieselben Worte im selben Rhythmus beten. Was für das Vaterunser gilt, kann auch für viele andere Gebete gelten.

Es gibt Bücher, die Gebete für jeden Tag der Woche enthalten. Für den Morgen, den Mittag, den Abend und für besondere Not- und Glücksfälle. In Klöstern und kommunitären Lebensgemeinschaften, in denen der Tag von festen Gebetszeiten durchzogen ist, sind solche „Tagzeitengebete" zumeist entstanden.

Ich persönlich greife immer wieder nach dem Evangelischen Tagzeitenbuch der Evangelischen Michaelsbruderschaft. Es enthält Gebete für das ganze Jahr, für die Festtage des Kirchenjahres und für die Alltage meines Lebens. Kleine Liturgien, die mir helfen, Ordnung in meine oft wirren Sinne zu bringen und die mir darum Halt geben. Es tut gut, in den alten weisen Abendsegen zu schlüpfen:

„Der Tag ist vergangen und unser Werk ist vollbracht.
Es ist Abend worden. Lasset uns stillehalten der Heimsuchung unseres Gottes. Unser Abendgebet steige auf zu dir, Herr, und es senke sich herab auf uns dein Erbarmen. Dein ist der Tag und dein ist die Nacht.
Lass im Dunkel uns leuchten das Licht deiner Wahrheit.
Geleite uns zur Ruhe der Nacht und dereinst zur ewigen Vollendung."

Ein schier unerschöpflicher Gebetsfundus sind auch die Psalmen. Hier finde ich steinalte Lieder und Gebete, die Menschen zu allen Zeiten Trost und Kraft gegeben haben. Auch Jesus hat diese Psalmen gebetet. Wenn ich die alten Verse nachspreche, bin ich auf einmal Teil einer Jahrtausende währenden Geschichte Gottes mit den Menschen. Manchmal ist es geradezu so, als beteten die Psalmen ganz von allein in mir. Oder ist es Gottes Geist, der mich „mit unaussprechlichem Seufzen" vertritt?

Das Gesangbuch ist mir eine weitere wichtige Hilfe beim Beten. Meine Uroma Klara nahm es immer wieder zur Hand, wenn ein Gewitter nahte. Sie konnte nicht mehr darin lesen; die Augen waren zu schwach geworden. Aber sie musste auch nicht mehr darin lesen. Es „las" längst in ihr, die Lieder sangen längst in ihr. Und wenn es draußen blitzte und krachte und die Angst größer wurde, wusste sie: „Der Wolken, Luft und Winden gibt Wege, Lauf und Bahn, der wird auch Wege finden, da dein Fuß gehen kann."

Auch meine Großtante Emmi hielt sich bis zum Sterben an diesen herrlichen Choral von Paul Gerhardt: „Befiehl du deine Wege". Sie konnte alle Strophen auswendig. Das ist eine Kunst, die uns im Beamer-Zeitalter weitgehend verlorengegangen ist. Leider. Denn wie kostbar ist es, wenn man solche Texte in sich trägt, wo sie niemand wegnehmen kann!

Das bekannte Lied „Befiehl du deine Wege" ist Paul Gerhardts Auslegung zu Psalm 37,5: „Befiehl dem Herrn deine Wege, er wird's wohl machen." Der Choral wurde 1653 veröffentlicht, fünf Jahre nach dem Ende des grausamen Dreißigjährigen Krieges. Die Strophen beginnen jeweils mit einem Wort aus diesem Psalmvers. Ein besonders genialer Einfall, wie ich finde. Dieser Choral genügt als „Programm" für einen stillen Tag, ja, vielleicht sogar für eine stille Woche.

Das Vaterunser, Tageszeitengebete, Psalmen ... solche Texte helfen auch in schlaflosen Nächten.

Und wenn auch diese Worte verstummen?

Auf meinem Nachtschränkchen liegt ein Handkreuz. Manchmal brauche ich solche zusätzlichen „sinnlichen" Erfahrungen. Wenn ich das handtellergroße Holzkreuz zwischen meinen Fingern spüre, weiß ich umso gewisser: Jesus ist da. Er, der wunderbare Jesus, der sich buchstäblich in die Hände der Menschen gegeben hat und der mir näher sein will als der Schein des Nachttischlämpchens.

Und dann spüre ich, wie meine aufgeregten Gedanken zur Ruhe kommen, wie sein Friede meinen Unfrieden umhüllt.

So ist eine schlaflose Nacht kein Ärgernis mehr, sondern eine unerwartete Stille-Portion vom Himmel.

Angekommen! Angekommen?

Wir sind am Ende unserer kleinen Reise angelangt. Und sind damit wieder an ihrem Anfang. Denn diese Reise ist nie zu Ende. Die „Fülle der Gottheit“, von der Paulus schreibt, ist unauslotbar. Immer gibt es Neues zu entdecken.

Vielleicht haben Sie ja gemerkt, dass dieses Büchlein kein Atlas für die Stille, sondern eher meine persönliche Wegskizze ist.

Nun müssen Sie Ihre eigene Skizze anfertigen, Ihren Weg finden und gehen. Tastend und stolpernd vielleicht. Aber keine Angst: Er geht ja mit. Unser guter Gott. Unser Erlöser. Unser Wegweiser. Und wir können immer wieder von vorn beginnen.

Und was ist das Ziel der Reise? Dass wir Menschen werden. Menschen Gottes. Menschen, die Wesentliches hören. Wesentliches sehen. Wesentliches denken. Wesentliches sagen. Die mit beiden Beinen auf der Erde stehen und mit der Seele schon im Himmel sind.

Stille ist der himmlische Gegenentwurf zu aller irdischen Belanglosigkeit.

Wer aus der Stille kommt, wird zu einer Filiale des Himmels. Und mehr kann ein Mensch auf dieser Erde wohl nicht sein.

Gott segne Sie!

Menschen wie Menschen

Menschen mit Augen, die sehen
Menschen mit Ohren, die hörn
Menschen, die wirklich verstehen
Nie eine Hoffnung zerstörn
Menschen, die Liebe ausstrahlen
Hell wie ein Leuchtturm am Strand
Menschen wie Himmelsfilialen
Menschen mit Herz und Verstand

Menschen, die Menschen erschließen
Menschen zum Menschsein befrein
Die auch mit Worten nicht schießen
Menschen, die groß sind und klein
Menschen wie offene Türen
Menschen, bei denen es taut
die dicht ans Feuer dich führen
Menschen, auf die man vertraut

Menschen wie Menschen – aus Liebe gemacht
Menschen wie Menschen – im Himmel erdacht
Menschen wie Menschen – von Gott zur Welt gebracht

Orte der Stille: Meine Empfehlungen

Die folgende Liste erhebt keinerlei Anspruch auf Vollständigkeit. Bitte informieren Sie sich selbst über Angebote, Tradition und geistliche Prägung der jeweiligen Häuser.

Jesus-Bruderschaft Gnadenthal
Gästepforte
D-65597 Hünfelden

Tel. 0 64 38/81-200
Fax 0 64 38/81-377
pforte@jesus-bruderschaft.de

www.jesus-bruderschaft.de

Geistliches Zentrum Kloster Bursfelde
Klosterhof 5
D-34346 Hann. Münden OT Bursfelde

Tel. 0 55 44/16 88
Fax 0 55 44/17 58
info@kloster-bursfelde.de

www.kloster-bursfelde.de

Communität Christusbruderschaft
Wildenberg 33
D-95152 Selbitz

Tel. 09280/68-50
Fax 09280/984601
gaestehaus@christusbruderschaft.de

www.christusbruderschaft.de

Kloster Wülfinghausen
D-31832 Springe

Tel. 05044/88160
Fax 05044/881679
info@kloster-wuelfinghausen.de

www.kloster-wuelfinghausen.de

Kloster Petersberg
Bergweg 11
D-06193 Petersberg bei Halle/Saale

Tel. 034606/20409
Fax 034606/21405
petersberg@christusbruderschaft.de

www.christusbruderschaft.de

Christusträger-Bruderschaft
Kloster Triefenstein am Main
Am Klosterberg 2
D-97855 Triefenstein

Tel. 0 93 95/777-110
Fax 0 93 95/777-113
tr-gaeste@christustraeger.org

www.christustraeger-bruderschaft.org

Haus der Stille Weitenhagen bei Greifswald
Hauptstraße 94
D-17498 Weitenhagen bei Greifswald

Tel. 0 38 34/8 03 30
Fax 0 38 34/80 33 11
anmeldung-hds@weitenhagen.de

www.weitenhagen.de

Haus der Besinnung Betberg
Noblingstr. 4
D-79426 Buggingen-Betberg

Tel. 0 76 34/28 96 oder 50 49 11
Fax 0 76 34/48 60
betberg@web.de

www.betberg.de

Haus der Stille Waldhof Elgershausen
D-35753 Greifenstein

Tel. 06449/6798
Fax 06449/6797
info@hausderstille.net

www.hausderstille.net

Evangelisches Zentrum Kloster Drübeck
Haus der Stille
Klostergarten 6
D-38871 Drübeck

Tel. 039452/94-326
Fax 039452/94-311
b.seifert@kloster-druebeck.de

www.kloster-druebeck.de

Haus der Stille Rengsdorf
Haus der Stille
Melsbacher Hohl 5
D-56579 Rengsdorf

Tel. 02634/920510
Fax 02634/920517
anmeldung.hds@ekir.de

www.ekir.de/haus-der-stille

Schweiz:

Haus der Stille und Einkehr Wildberg
Pfarrwiese 2
CH-8489 Wildberg

Tel. 0041/523851593
wildberg@diakonissen-riehen.ch

www.diakonissen-riehen.ch/wildberg

Läbeshuus (CVJM/F)
Obere Haltenstrasse 6
CH-3625 Heiligenschwendi

Tel. 0041/332430387
info@laebeshuus.ch

www.läbeshuus.ch

Haus der Stille Sunnebad
Sunnebad
D-8499 Sternenberg

Tel. 0041/523971313
Fax 0041/523971300
info@sunnebad.ch

www.sunnebad.ch